미술사학자와 읽는

삼국유사

미술사학자와 읽는 삼국유사

초판 1쇄 인쇄 2022년 6월 20일
초판 1쇄 발행 2022년 6월 24일

지은이 주수완
발행인 박종서

발행처 도서출판 역사산책
출판등록 2018년 4월 2일 제2018-60호
주소 (10477) 경기도 고양시 덕양구 은빛로 39, 401호 (화정동, 세은빌딩)
전화 031-969-2004
팩스 031-969-2070
이메일 historywalk2018@daum.net

ⓒ 주수완, 2022

ISBN 979-11-90429-25-2 03910

값 18,000원

일연스님 쓰고
주수완 스토리텔링하다

주수완 지음

미술사학자와 읽는 삼국유사

역사산책

『삼국유사』의 기적을
미술사적으로 읽기

『삼국유사三國遺事』의 저자 보각국사普覺國師 일연一然, 1206~1289 스님은 본문에 해당하는 첫 장의 제목을 '기이紀異'로 하였다. 그리고 "성인은 예악禮樂으로 나라를 일으키고 인의仁義로 가르침을 베푸는 데 있어 괴력난신怪力亂神에 대해서는 말하지 않는다"라고 밝혔다. 언뜻 일연 스님 스스로 역사 서술에 있어 객관성이 중요하다고 말하는 것 같다. 그러나 내면을 들여다보면 김부식金富軾의 『삼국사기三國史記』 같은 역사서가 객관적인 사실만 다루고 있는 것과 차별화하여, 사실은 이 괴력난신, 즉 기이한 일을 자신의 저서 첫머리에서부터 다루게 될 것을 두고 미리 양해를 구한 것이다.

첫 장 '기이'는 '괴이하다'는 의미의 '기이奇異'와 표현은 다소 다르지만, 본문에서는 이미 "삼국의 시조가 모두 신이神異에서 나타난 것이 어찌 괴이하다 하겠는가"라고 하여 이러한 기적적인 사실을 역사 서술에서 결코 배제할 수 없음을 역설하고 있다. 그래서 책의 제목을 '사史'가 아닌 '사事'로 붙였으리라.

공식적으로는 『삼국유사』를 영어로 표기할 때 Memorabilia of Three Kingdoms라고 한다. 『삼국사기』와 구분해 History로 하지 않은 것은 맞지만, memorabilia가 '기억할 만한 일', '주요 기사'라는 뜻을 담고 있는 것을 보면 일연 스님의 원래 의도를 완전히 전해주지는 못하는 것 같다. '유사遺事', 즉 남겨진 이야기는 어쩌면 이렇게 기이한 일이어서 『삼국사기』에 실리지 못한 이야기를 의미하는 것이므로, 차라리 신화가 된 이야기, 전설이 된 이야기라는 뜻으로 Legend of Three Kingdoms라고 하는 것이 더 쉽고 잘 어울리는 듯하다. 일연 스님은 이러한 괴이한 일 가운데 진실, 특히 불교적 진실이 담겨 있으리라 생각했을 것이다. 신화는 흔히 허황되게 지어낸 이야기로 간주된다. 하지만 근대 이후 신화에 담긴 관념이 고대인의 정신세계를 잘 보여주는 이야기로 각광받은 것을 생각하면, 일연 스님의 이러한 설명은 마치 미르치아 엘리아데Mircea Eliade나 클로드 레비스트로스Claude Lévi-Strauss 같은 신화 연구자의 한 문장을 보는 것처럼 현대적으로 들린다.

이 책에서는 『삼국유사』에 등장하는 신비로운 사건에 담겨 있는 진실을 현대적인 시각으로 재해석해보고자 했다. 즉, 그저 오래전 황당한 이야기가 아니라 일연 스님이 생각했던 대로 그 전설 속에 어떤 진실이 숨겨져 있다고 보는 시각에서 접근해보고자 한 것이다. 당시 일어났던 기적 같은 일은 마치 영화 〈광대들: 풍문조작단〉(2019)에서처럼 정치적인 의도로 조작된 사건이었을 수도 있다. 아니면 단순한 자연현상이거나 우연에 불과한 일이었는데 당시 사람들이 신비로운 의미를 덧붙여 해석한 것일 수도 있다. 어쩌면 실제 그러한 기적이 일어났을 수도 있다. 아무 일도 일어나지 않았는데 그것을 당시에, 혹은 이후에 중요한 사건으로 기록하기는 매우 어렵다. 지금도 종종 UFO가 나타났다거나 귀신이 사진에 찍혔다거나 하는, 정상적으로는 설명이 안 되는 사건이 보도된다. 그뿐인가. 정치적 네거티브 공방을 위해서는 있던 일도 없어지고 없던 일도 있던 일이 된다. 중요한 것은 그 일이 실제 있었는가 없었는가가 아니라 상당히 많은 사람들이 그러한 소문에서 자신이 보고 싶은 것을 본다는 것이다. 실제로 그렇게 작은, 그러나 퍼져나가기 쉬운 이야기는 누군가의 당락當落을 결정하기도 하고 사람들을 움직이게 만들며 혁명을 촉발하기도 한다.

불경이나 성서, 혹은 그리스 신화는 워낙 방대한 이야기를 다루고 있기 때문에 사건의 인과관계를 구체적으로 기술하는 경우는 드물다. 그저 대의만 기록할 뿐이다. 나의 아버지는 기적에 대해 평소 이렇게 설명하셨다. 시작과 끝만 있고 그 과정을 보여주지 않으면 그것이 기적이고 마술이라고. 종교 경전이 그 과정을 상세히 설명하지 않는 까닭도 그래서가 아닐까? 그래서 그 축약되고 함축된 기록을 온전히 이해하려면 어느 정도 과정을 상상할 필요가 있다.

물론 종교적인 시각에서는 합리적인 해석보다 있는 그대로를 기적으로 받아들이라고 할 수 있다. 당연히 그런 가능성도 배제할 수 없다. 세상에는 인과관계로 이루어진 과학 현상이라고 할지라도 그것을 인간이 이해하지 못하는 한 기적이라고밖에 간주할 수 없는 일이 무수히 많다. 또 인간이 이 세상의 모든 현상을 설명할 수 있는 것도 아니다. 실제로 세상에는 얼마든지 이해할 수 없는 일이 일어나고 있다. 따라서 이 책은 그저 『삼국유사』의 신비로운 이야기가 인위적으로 조작된 것이라거나 기적이 아니라는 것을 밝히려는 게 아니다. 그보다는 과거에 일어났던 어떤 사건을 역사에서 중요하게 생각하는 것은 그 사건이 실제 무엇이었는가보다 그 사건을 당시 사람들이 어떻게 보고자 했는가가 더 중요할 수도 있음을 말하는 것이다. 실제 어떤 사건이 일어났는가가 중요하지 않다는 것은 아니다. 다만 그 실제가 무엇이었는지를 알아내는 것이 사실상 불가능에 가까운 일이기 때문에, 역사는 어쩌면 실제가 아니라 그 실제가 일으킨 파장을 살펴보는 일인지도 모른다.

　미술사학자로서 신비로운 사건의 흔적이 담긴 유적과 유물을 만날 때마다 그에 얽힌 전설 같은 이야기를 어떻게 다루어야 할지 고민에 빠진다. 학문적으로는 그런 이야기는 배제하고 시작하는 것이 옳다고 하겠지만, '정말 그럴까' 하는 의문을 항상 품어왔다. 예를 들어 많은 군중 앞에 모습을 드러낸 파티마의 성모를 재현한 조각상을 연구하면서 그 설화를 배제하고 순수하게 시각미술로만 다룰 수 있을까? 지금의 우리 눈에는 어설픈 컴퓨터 그래픽 효과처럼 보일지라도, 과거 작가는 당시 기적으로 인한 감동과 충격을 최대한 담아내기 위해 노력했을 것이다. 필자에게는 사건 자체보다 작품에 담긴 화석화된 당대인의 충격이 더 객관적으로 다가온다. 원래 미술사라는 학문이 감성을 이성으로 번안해 독자에게 제시하는 일인지라, 신화를 역사로 번안하는 작업과도 상당히 닮아 있다. 그래서 이와 같은 글쓰기가 가능했다.

화석화된 옛 사람들의 감탄과 충격을 끄집어내어 다시 부활시키기 위해 이 책에서 필자가 펼친 상상은 때로는 주관적인 추측에 불과할 수 있다. 다만 그저 보다 합리적인 설명이 나오기 전까지 하나의 가설로 간주해주길 바랄 뿐이다.

차례

황룡사 황룡의 실제

왜 궁궐 건축이 사찰건축으로 바뀌었을까?

미술사학자가 『삼국유사』 중에서도 가장 큰 관심을 가지는 「탑상塔像」 편 처음은 경주 황룡사皇龍寺의 '가섭불연좌석迦葉佛宴坐石' 관련 이야기로 시작된다. 이야기의 처음은 황룡사 창건에 대한 것이다. 이에 의하면 진흥왕眞興王, 재위 540~576 14년 계유癸酉, 553년 2월 월성月城 동쪽에 새로이 궁궐을 짓는데 그 터에서 황룡이 나타나, 이를 괴이하게 여겨 궁궐 대신 황룡사를 지었다는 것이다. 이는 『삼국사기』에도 동일하게 실려 있는 기록이다. 아마도 실제 황룡이 나타났다고 믿는 현대인은 그리 많지 않을 것이다. 그렇다면 이를 어떻게 해석해야 할까.

더 근본적으로 들여다보자. 황룡이 나타난 일과 궁궐을 짓다 말고 절로 고쳐 지은 것은 도대체 무슨 연관이 있을까? 처음 드는 생각은 이렇다. 용은 신성한 존재인데, 왕이 거주하려는 공간에서 용이 나왔으므로 인간이 감히 스스로 거주할 공간으로 삼지 못하고 그 땅을 부처님께 희사喜捨했다는 뜻으로 받아들일 수 있다. 이에 의하면 용은 왕보다 더 높고 신성한 존재가 된다. 진흥왕이 용에게 밀려 자신의 땅을 부처님께 바친 것이다. 그러나 또 의문이 든다. 왜 용이 나타났는데 이를 하필 불교에 바쳤을까? '가섭불연좌석' 기사 첫 머리는 이렇게 시작한다.

진흥왕 대에 궁궐을 짓던 곳에서 황룡이 나타나
궁궐 대신 절을 지었다는 황룡사 터

"신라 월성 동쪽 용궁의 남쪽에 가섭불의 연좌석이 있다."

가섭불연좌석이 있는 곳이 황룡사이므로 황룡사는 용궁 남쪽에 있다는 뜻이다. 용궁 남쪽에서 공사를 하다가 용이 나왔다면 이는 용궁에 희사되는 게 더 타당하지 않을까? 백제 미륵사彌勒寺의 경우 미륵불이 늪에서 출현했기 때문에 그곳에 절을 세웠다. 만약 황룡사의 경우도 굳이 절을 짓고 싶었다면 용이 아니라 부처님이 한 번 나타나주셨어야 신성함이 더 강조되지 않을까?

때문에 최근에는 다른 학설이 제기되었다. 용은 곧 왕을 상징하기 때문에 궁궐터에서 용이 출현한 사실은 진흥왕이 곧 부처(이를 흔히 '왕즉불王卽佛' 사상이라고 하는데 굳이 '사상'이라는 고차원적인 개념으로 받아들여야 할지는 의문이다)임을 상징하는 사건이라는 것이다. 그래서 진흥왕을 부처로 간주해 궁궐을 절로 상향 조정했다는 해석이다. 진흥왕이 스스로를 전륜성왕轉輪聖王으로 보이고자 했다는 주장은 많았지만, 황룡사 창건과 왕즉불 사상을 결합시킨 것은 더 진전된 해석이라 하겠다. 더불어 비록 황룡사는 사찰이지만 사실상 궁궐 역할을 했을 것으로 추정하기도 한다.

그럼에도 몇 가지 의문이 남는다. 황룡사가 실제 궁궐 역할을 했다는 기록이나 흔적은 어디서도 찾아보기 어려울 뿐 아니라 진흥왕이 말년에 승복을 입고 스스로 '법운法雲'이라 칭했다는 『삼국사기』의 기록을 보면 그는 분명 독실한 불교신자이기는 했지만 중국 양梁나라 무제武帝, 재위 502~549처럼 광적인 왕즉불 도취자는 아니었던 것으로 보이기 때문이다. 황룡사를 창건할 당시 자신이 부처로 간주되길 바란 인물이 말년에 출가하여 부처에서 승려로 스스로 격을 낮춘다는 것도 다소 모순된 일처럼 보인다. 더불어 굳이 궁궐을 절로 바꾸지 않아도 황룡이 나타났다는 소문을 십분 활용해 자신의 권위를 높이는 궁궐을 짓는 것이 훨씬 단순한 홍보 전략이었을 것이라는 생각이 든다.

사실 이 사건을 제대로 이해하기 위해서는 먼저 당대인이 용을 어떻게 인식했는지 살펴볼 필요가 있다. 오늘날, 용은 곧 임금이나 황제를 상징하는 동물이었다고 알려져 있지만 삼국시대에는 용을 그리 신성하게 여기지 않았다. 물론 용왕이나 용은 신비로운 동물이기는 했다. 그러나 왕을 상징하거나 혹은 신처럼 떠받들어야 하는 존재는 아니었다. 때로 용은 사람들을 괴롭히는 사악한 짐승으로 출현하기도 한다. 따라서 황룡사 건설 현장에 용이 날아갔다는 사실을 신성한 사건으로만 볼 수는 없다.

그래서 필자는 조금 다른 생각을 해보았다. 우선 궁궐지로 선택된 곳이 용궁의 남쪽이었다는 사실에 주목했다. 비록 신라 왕실은 법흥왕法興王, 재위 514~540 대에 이차돈異次頓의 순교 이후 공식적으로 불교를 받들게 되었지만, 바로 그 다음 계승자인 진흥왕 대에 불교가 토착 종교에 비해 월등한 세력을 형성했다고 보기는 어렵다. 오히려 이차돈의 순교로 어쩔 수 없이 불교 공인을 묵과했던 토착 종교 세력은 진흥왕 대에는 어떻게든 불교의 성장을 저지하려고 더욱 치밀한 공작을 폈을 것이다. 신궁 건설지가 용궁 남쪽으로 정해진 것은 당시 토착 종교를 대표하는 용궁 집단의 본거지 바로 앞에 궁궐을 세워 반월성에서 왕권을 끌어와 용궁의 직접적 영향력 아래에 두려고 했던 것으로도 볼 수 있다. 용은 왕을 보호하고 지켜

▲ 강서대묘(江西大墓) 동벽 청룡. 흔히 알려진 것과 달리 삼국시대에 용이 왕을 상징했음을
입증하는 자료는 찾아보기 어렵다. 황룡사의 용은 아마도 고구려 고분벽화 속 청룡의 형
태와 닮았을 것이다.

▼ 진흥왕은 혹시 이런 용 연등을 연에 달아 밤중에 날아 올린 것이 아닐까?(사진 ⓒ 김선행)

주며 때로는 앞으로 일어날 일을 예견해주는 메신저 역할도 한다. 용궁 집단은 그런 의미에서 왕권 강화라는 표면적 이유를 들어 용궁 앞에 진흥왕의 신궁이 들어와야 한다고 주장했을 것이다. 그러나 그 이면에는 보호의 구실로 왕권을 통제하려는 토착 종교 집단 및 이와 결부된 정치 세력의 음모가 깔려 있었을 것이다. 서른을 갓 넘긴 진흥왕은 이를 원하지 않았지만, 용, 넓게는 물을 숭배하는 토착 원로 집단의 은근하지만 강력한 압박을 완전히 뿌리치기는 어렵지 않았을까?

그러나 진흥왕은 이 간섭으로부터 지혜롭게 벗어날 회심의 반격을 계획했다. 바로 황룡 출현 조작 사건이었다. 어떻게 그런 기막힌 특수효과를 냈는지는 알 수 없다. 어쩌면 용 모양 긴 연등을 만들고 그것을 밤에 연에 달아 날려 보냈을지도 모른다. 더 간단하게는 사람들을 시켜 그런 유언비어를 퍼트렸을 수도 있다. 여하간 『국사』에 기록된 황룡의 출현은 어떤 방법으로든 당시 신라 사회에서 큰 이슈가 되었음을 말해준다.

어찌되었든 결국 용은 날아가버렸다. 용이 날아간 사실은 용궁 집단에게는 신성한 사건이 아니었다. 오히려 왕권을 지켜준다는 명목으로 새로운 왕궁터로 선정된 장소의 존재 의미였던 용 자체가 날아가버린 사건은 더는 그곳이 왕궁으로서 기능할 수 없음을 상징하는 사건이었을 것이다.

여기서 진흥왕은 단순히 왕궁 건설을 철회하는 것에 그치지 않았다. 그는 한걸음 더 나아가 확실한 반격을 날렸다. 용이 날아간 용궁은 더는 의미가 없으니 차라리 불교 사찰을 세우자는 것이 황룡사 북쪽에 있는 거대 우물 터.
용궁이 있던 자리로 추정된다.

었다. 방어에서 공격으로 역전된 셈이다.

용이 날아간 용궁은 그 후 어떻게 되었을까? 『삼국유사』 권3 「흥법興法」 편에는 신라의 일곱 절터를 언급하는 가운데 분황사芬皇寺를 언급하며 그 위치를 용궁의 북쪽이라 하였다. 용궁의 남쪽이 황룡사이니 결국 용궁은 분황사와 황룡사 사이에 있었다는 의미가 된다. 그러나 지금 황룡사와 분황사에 가보면 이 두 절은 서로 맞닿아 있어서 용궁이 있을 자리가 없다. 결국 용궁은 원래 황룡사와 분황사 사이의 일정 부분을 차지하던 신전이었지만 어느새 사라져버린 것이다. 현재 용궁이 사라진 흔적으로 황룡사 북원에 있는 큰 우물터를 주목하고 있다. 이 우물이 바로 용궁의 용이 머무르는 곳으로 원래 숭배되지 않았을까 추정한다. 실제 충분히 그럴 만큼 커다란 우물이다.

명목상이나마 용궁으로 남아 있던 신전이 완전히 사라지게 된 것은 아마도 20여 년 지난 뒤 진흥왕이 황룡사에 장륙상丈六像을 조성하면서 사역이 확대될 무렵 용궁 터의 상당 부분을 황룡사에 내주면서 시작되었을 것이다. 이어 선덕여왕善德女王, 재위 532~647이 즉위하여 분황사를 창건할 때 더더욱 축소되었을 것이다. 결정적으로 황룡사에 9층 목탑을 건립할 즈음에는 아마도 전적으로 기능을 상실하고 그저 황룡사의 우물로 전락하게 되었을 것이다.

그러나 그 우물을 완전히 없애지는 않았다. 기록에는 나오지 않지만, 진흥왕 대에 날아간 용은 언제인지는 모르지만 아마도 황룡사가 건립된 이후 다시 이 남겨진 우물에 복귀했다. 자장慈藏 율사께서 당나라 유학 중 오대산 태화지太和池에서 만난 용은 황룡사의 호국룡이 그의 아들이라고 알려주었다. 따라서 그때는 이미 복귀해 있던 셈이다. 다만 더 이상 용궁의 주인이 아니며 절을 보호하는 신분으로 변화되었음을 분명히 알 수 있다.

황룡사 황룡의 전설, 그것은 어쩌면 토착 종교 세력과의 보이지 않는 세력 다툼에서 밀릴 듯하던 진흥왕이 던진 패가 보기 좋게 성공함으로써 불교가 신라 사회의 주류 종교로 자리 잡는 계기를 마련한 사건이지 않을까.

가섭불연좌석의 정체

신라 불국토 만들기의 초석

『삼국유사』의 여러 목차 중 「탑상」 편에는 특히 불교미술 관련 내용이 많다. 그러나 수수께끼 같은 이야기도 많아 그 진상을 파악하기란 간단한 일이 아니다. 「탑상」 편의 시작인 '가섭불연좌석'부터 의문이다. '연좌宴坐'의 사전적 정의는 '고요히 앉아 참선하다'이니, '가섭불연좌석'은 '가섭불이 좌선하던 돌'을 말한다. 가섭불은 석가모니 이전에 성불하신 여러 부처님을 일컫는 '과거불' 가운데 석가모니 바로 직전에 성불하신 부처님이다. 그러므로 「탑상」 편에서 말하는 것은 황룡사에 과거불인 가섭부처님이 좌선하던 돌이 있다는 것이다. 믿거나 말거나이지만, 일단 일연 스님의 기록을 믿고 읽어보자.

일연 스님은 이 돌을 직접 봤다고 했다. 불전 뒤에 있으며 "높이는 5~6척이지만 둘레는 겨우 3주肘"라고 했다. 불전 뒤라고 했으니 아마 황룡사 장륙상이 봉안되어 있던 금당 뒤편이었을 것으로 추측된다. 높이 5~6척이면 1척을 대략 30센티미터로 볼 때 150~180센티미터 내외일 것으로, 사람 키 정도에 해당한다. 문제는 '3주'인데, 많은 『삼국유사』 번역본은 그대로 '3주', '서발'로 번역하고 정확한 크기가 어느 정도인지는 언급하지 않는다.

'주肘'의 사전적 정의는 팔꿈치이며 주로 둘레를 재는 척도로 많

'가섭불연좌석'으로 추정되는 황룡사 목탑지 심초석 위에 놓인 돌.
몽골 침입으로 불탄 목탑의 심초석 위에
누군가 연좌석을 옮겨놓은 것으로 보고 있다.

이 사용되었지만 정확한 길이를 두고는 몇 가지 설이 있다. 대표적인 설이 손끝에서 팔꿈치까지의 길이를 한 단위로 보는 것이며, 이는 서아시아 지역에서 사용한 '큐빗cubit', 인도에서 사용한 '하스타hasta'란 단위와 같다. 따라서 '주'의 길이를 45센티미터 정도로 본다. 그렇다면 연좌석의 둘레는 135센티미터(45센티미터×3주)이고, 둘레가 135센티미터라면 그 직경은 대략 43센티미터(135÷3.14)가 된다.

'주' 단위는 둘레뿐 아니라 길이를 나타낼 때도 쓰였다. 예를 들어 인도를 순례한 중국 동진東晉 시대 승려 법현法顯, c. 337~422의 『고승법현전高僧法顯傳』에 의하면, 석가모니께서 도리천에 계신 어머니 마야부인께 설법해드리고 지상으로 내려오셨다는 상카시야 사원에는 후대에 아소카왕Asoka, 재위 c. 268~232 BC이 세운 석주가 있었는데, 그 높이를 20주라고 했다. 그런데 똑같은 석주를 당나라 구법승 현장玄奘, 602~664은 70척으로 기록하고 있어 흥미롭다. 따라서 20주=70척이라는 계산이 성립되는 셈인데, 만약 1척을 30센티미터로 환산하면 70척은 21미터가 되므로, 1주는 1미터 가량이 되어버린다. 이는 앞서 45센티미터로 본 것과 큰 차이가 있다. 이것이 1주의 또 다른 개념인지 아니면 두 스님의 눈대중이 틀렸던 것인지는 알 수 없다.

여하간 일연 스님이 기록한 이 돌은 지금 어디에 있을까? 일찍이 고故 황수영 박사는 현재 황룡사 9층 목탑지 심초석 위에 올라가 있는 돌이 바로 '가섭불연좌석'이라고 밝힌 바 있다. 심초석은 탑 중앙에 위치하면서 찰주擦柱를 받치는 돌인데, 현재는 그 위에 큰 돌이 올라가 있다. 아마도 몽골 침입 때 황룡사 목탑이 불타버리자 심초석 안에 있던 석가모니 진신사리와 기타 장엄구를 보호하기 위해 누군가가 '가섭불연좌석'으로 추정되는 돌을 옮겨다가 심초석 위를 덮어놓았다고 본 것이다. 실제 그 크기와 규모를 보면 충분히 그럴 가능성이 있다고 생각한다.

이에 대해 재야 역사가를 중심으로 반론이 제기되었다. 「탑상」 편 '가섭불연좌석' 기사에 따르면, 일연 스님이 이것을 볼 당시 황룡사에서 일어난 두 번의 화재로 연좌석이 터져 갈라졌기에 절의 스님들이 쇠로 붙잡아 고정시켜 두었다고 했다. 그러나 현재 목탑지 위의 돌은 불을 맞은 흔적도 없고 갈라진 곳도 없기 때문에 연좌석이 아니라는 것이다. 그러나 일연 스님의 기록은 황룡사 목탑이 건재했을 때의 기록이다. 아마 몽골군에 의해 황룡사가 소실될 때 쇠로 엮어 둔 연좌석도 결국 두 동강 나서 완전히 분리되었을 것이다. 그리고 그중 한 조각을 목탑지에 옮겨두었기에 크기도 더 작아지고 갈라진 흔적도 찾아볼 수 없는 게 아닐까.

그러나 이 글에서 더 강조하고 싶은 것은 목탑지의 그 돌이 정말로 '가섭불연좌석'인가 아닌가의 문제보다는, 도대체 이 돌의 원형 혹은 개념이 무엇인가 하는 것이다. 일연 스님은 '가섭불연좌석'의 생김새를 묘사하면서 '당립이평정幢立而平頂'이라고 했다. 당幢 또는 깃대처럼 세워져 있고 그 위는 평평하다는 뜻이겠다. 우선 여기서 주목되는 것은 연좌석, 즉 좌선을 하던 돌이니까 최소한 사람이 앉을 수 있는 모습이어야 할 것 같지만, 직경 43센티미터 가량의 돌 위에 사람이 앉기는 꽤나 불편하리라 여겨진다. 더구나 높이가 150~180센티미터나 되니 단순한 불대좌의 모습은 아니고, 분명 일

◀ 아소카왕이 석가모니 탄생지인 룸비니에 세운 석주. 철을 감아놓은 부분은 '가섭불연좌석의 깨어진 부분에 철을 붙여 보호했다'는 내용을 연상케 한다.

▼ 담양 객사리 석당간.
보물 제505호.(사진: 문화재청)
아소카왕 석주 전통이 우리나라에서 당간으로 이어진 게 아닐까? 실제 석당간을 보면 아소카 왕 석주가 연상된다.

연 스님의 서술대로 당, 깃대, 기둥의 모습이었던 것이다. 도대체 이것은 무엇이었을까?

어쩌면 일연 스님이 말한 '당'이라는 표현이 해결의 실마리를 제공해줄 수 있을 것 같다. 사찰에서 '당'은 일반적으로 당간지주幢竿支柱 사이에 세워진 깃대를 의미한다. 그러나 더 보편적으로 보면 기둥 형태 조형물을 흔히 '당'이라고 부른다. 기둥, 그 중에서도 돌기둥이라고 한다면 단연 아소카왕의 석주가 떠오른다. 앞서 언급한 법현 스님이나 현장 스님이 인도에 순례하면서 들른 성지마다 아소카왕이 세운 석주가 있었다. 아소카왕이 불교에 귀의하고 석가모니의 행적을 찾아 성지를 순례했을 당시 이미 많은 성지가 점차 사람들의 기억에서 사라지고 있었다. 때문에 아소카왕은 석가모니와 그의 행적이 더는 잊히지 않도록 석주를 세우고 그곳이 부처님께서 무엇인가를 하셨던 곳, 즉 부처님과 인연이 있는 곳이라는 사실을 영원히 후세에 알리고자 했다.

어쩌면 '가섭불연좌석'은 이러한 아소카왕의 석주를 염두에 두고 만들어진 것일지도 모른다. 즉, 아소카왕이 부처님과 인연 있는 땅이라는 뜻으로 세운 석주를 신라가 경주에 세운 것이다. 이를 통해 경주 역시 부처님과 인연이 있음을 공공연하게 공포한 것이나 다름없다. 물론 석가모니는 인도에서 활동하셨기 때문에 경주에 석가모니가 오셨다는 것은 말이 안 되지만, 가섭불이라면 사정이 다르다. 가섭불은 전설적인 존재이므로 그분이 먼 옛날 신라 땅에서 설법하셨다고 해서 시비를 걸어올 사람은 없다. 오히려 석가모니 부처님의 선배라고 할 수 있는 가섭불이 활동하셨던 곳이기 석가모니의 초전법륜지인 사르나트에 세워졌던 석주 편.
일연 스님이 본 '가섭불연좌석'도 이렇게 파손된 상태이지 않았을까.

때문에 우리나라는 결국 인도보다도 더 먼저 불법佛法이 베풀어진 곳이라고 보아도 된다. 비록 진흥왕 당시에는 겨우 전대 법흥왕 대에 불교가 공인된 후발주자였지만, 사실은 다만 잊혔을 뿐 이미 오래전에 불교가 전해진 곳이라는 것을 홍보하는 셈이다. '불국토佛國土'란 무엇인가? 불법과 인연이 있는 곳, 부처의 발길이 닿았던 곳이다. 우리나라 역시 과거불인 가섭불의 발길이 닿은 불국토라는 것이다. 그리고 불국토임을 나타내기 위해 아소카왕이 성지 곳곳에 석주를 세웠듯이 진흥왕도 황룡사에 석주를 세웠으리라. 황룡사에는 아소카왕이 보낸 구리로 만들었다고 하는 장륙상도 있었으니, 아소카왕 석주를 본떠 만들지 못하리란 법도 없다.

만일 현재 목탑지 위의 돌이 바로 그 연좌석이라면, 그것은 석주의 밑동에 해당하는 부분이라 볼 수 있다. 그렇다면 연좌석이란 실제 그 위에서 좌선했음을 의미하는 것이 아니라 가섭불이 좌선한 곳임을 기념하기 위해 세워진 석주로 봐야 하지 않을까? 또한 그것은 황룡사에만 국한된 것이 아니었다. 신라에 불교를 전한 고구려 아도화상阿道和尙의 어머니 고도령高道寧이 언급했듯이 신라에는 전불前佛, 즉 과거불 시절의 절터가 일곱 군데 있었다. 흥륜사興輪寺, 분황사, 영묘사靈妙寺 등 신라의 대표적인 사찰이 모두 황룡사처럼 과거불과 인연이 있는 곳으로 간주되었음을 알 수 있다. 그곳에도 석주가 있었을까? 확실히는 알 수 없지만 우리나라에서 아소카왕 석주 전통은 당간으로 이어졌고, 당간의 재질이 돌에서 나무나 철로 옮겨지면서 석주의 개념은 오히려 당간을 고정시키는 돌로 만들어진 웅장한 기둥, 즉 당간지주로 점차 옮겨갔을 것이다.

일연 스님이 『삼국유사』 곳곳에서 흥에 겨워 시로 찬했듯이 이를 흉내 내어 찬하면 다음과 같다.

인도에는 아육왕阿育王의 석주 솟아오르고
서라벌엔 진흥왕의 석당이 당당하다
석가에 앞서 가섭불의 전교傳敎 열렸으니
누가 불국토의 우열을 말할 것인가!

신라에 불교를 전한 아도

설화에서 역사 추려내기

『삼국유사』에 의하면 고구려·백제의 불교는 중국을 통해 전해진 반면, 이들에 둘러싸인 신라는 고구려를 통해 불교를 받아들였다. 그 역할을 수행한 분이 아도阿道, 我道 또는 阿頭 스님이다. 그런데 『삼국유사』에는 무려 네 사람의 아도에 관한 설화가 실려 있다. 아니, 정확히는 세 명의 아도와 한 명의 묵호자墨胡子에 관한 이야기다. 일연 스님 자신도, 또 학자들도 이는 모두 한 사람의 아도에 관한 이야기가 와전된 것으로 해석한다.

우선 각각의 아도에 관해 『삼국유사』가 전하는 내용을 간략히 살펴보자. 첫 번째 아도는 권3 「흥법」 '아도기라我道基羅'에 전하며 미추왕味鄒王, 재위 262~284 때 신라에 들어온 인물인데, 이는 '아도본비我道本碑'라는 한 비문에 의한 것이라고 한다. 이에 의하면 아도는 『삼국지연의三國志演義』로 널리 알려진 조조曹操의 아들 조비曹조가 세운 위魏나라 제3대 황제 조방曹芳, 재위 239~254의 재위기인 정시正始 연간에 고구려에 사절로 온 아굴마我堀摩와 고구려 여인 고도령이 연을 맺어 낳은 아들이었다. 여인의 성이 '고' 씨인 것을 보면 그녀도 고구려 왕족의 일원이었을 것으로 추정된다. 아굴마가 중국으로 돌아간 다음 태어난 아도는 5세에 출가하고 16세에 고구려 사절단을 따라 아버지를 만나러 중국으로 건너가 3년간 불

▲ 도리사는 사실상 신라 최초의 절이다. 고구려 승려들이 신라에 올 때마다 머물렀다는 모례의 집 근처에 세워졌다. 고구려 승려들이 계속 모례의 집을 찾은 이유는 무엇이었을까?

◀ 〈아도화상사적비〉(1655). 『삼국유사』에 기록된 서로 다른 이야기를 그럴 듯하게 하나로 연결지은 점이 돋보인다.

법을 배운 후 19세에 고구려로 돌아왔다. 그리고 어머니의 뜻에 따라 신라에 들어와 불법을 전했는데, 이때가 미추왕 때였다. 당시 신라 사람들은 불교를 알지 못해 꺼렸고 심지어 아도를 죽이려는 사람도 있어 모례毛禮라는 큰 부자長者의 집에 숨어 지내야 하는 형편이었다. 그러다 미추왕의 공주가 무의巫醫도 치료하지 못하는 병이 들자 아도가 나서 이를 치료해줌으로써 그 보상으로 신라 최초의 사찰인 흥륜사를 짓도록 왕실 허락을 받았다고 하는 것이 주요 골자다.

이 내용은 아도의 출생에 관해 구체적인 사실을 밝히고 있어 매우 중요하지만, 여러모로 문제가 많다. 우선 이 기사가 사실이라면 아도는 5세에 출가했으므로 이미 3세기에 고구려에 불교가 전해져 있었다는 이야기가 된다. 그러나 공식적으로 고구려에 불교가 전해진 것은 372년, 즉 4세기 후반의 일이므로 이는 성립되기 어렵다. 또 이차돈 순교와 연관된 흥륜사는 6세기 법흥왕 때 세워진 사찰인데, 미추왕 대에 처음 세워졌다는 것은 앞뒤가 맞지 않는다. 따라서 일연도, 현대 학자들도 이 시기는 너무 빠른 것으로 보고 그다지 신뢰하지 않는다. 그러나 연대는 틀리지만 출생에 얽힌 이야기 자체는 분명 아도에 관한 사실을 전하고 있을 것이다.

두 번째 아도의 기록은 권3 「흥법」 '순도조려順道肇麗'에 실린 내용으로, 372년 고구려에 처음 불교를 전한 중국 전진前秦의 승려 순도順道에 뒤이어 374년 고구려에 들어온 아도 스님에 관한 것이다. 앞서의 아도, 혹은 다음에 설명할 실제 신라에 불교를 전한 아도와 법명이 같아 동일한 인물로 보기도 하는데, 만약 그렇다면 아도는 일단 고구려에 들어와 있다가 다시 신라로 건너가 포교한 셈이 된다. 이는 『고구려본기高句麗本紀』에서 인용한 것이라 하는데, 여기서는 이 아도가 그 아도인지 전혀 밝히고 있지 않다.

세 번째는 '묵호자'라는 이름으로 신라에 들어와 활동한 인물에 관한 이야기이지만, 일연도, 학자들도 '묵호자'는 사실 아도의 또 다른 이름으로 보고 있다. 이 내용은 첫 번째 아도 이야기와 함께 '아도기라'에 실려 있으며 출처는 『신라본기新羅本紀』라고 한다. 묵호자는 눌지왕訥祗王, 재위 417~458 시기에 고구려에서 신라로 건너왔고 그역시 모례의 집에 머물렀다(실상 아도의 활동 연대가 널뛰기하는 바람에 조연인 모례 역시 덩달아 널뛰기를 하고 있다). 이때 양梁나라에서 사신이 와 향을 전해주었는데 신라에서는 향이 처음이라 사용법을 몰라 전국을 다니며 용법을 묻게 했다. 이때 묵호자가 향 피우는 법을 알려주었고, 마침 왕녀가 병이 들자 향을 이용해 병을 치료해주었다. 왕녀의 병을 치료해준 내용은 여기서 첫 번째 아도 설화와 겹친다.

네 번째 아도는 묵호자에 이어 비처왕毗處王 또는 炤知王, 재위 479~500 때 신라로 건너온 인물이다. 이때에도 아도는 모례의 집을 찾았다. 『삼국유사』는 의외로 이 네 번째 아도를 간략히 다룬다. 세 명의 시자를 데리고 왔으며 수년을 머물다 병도 없이 죽었다는 내용뿐이다. 그러나 아마도 이 아도를 언급한 것으로 생각되는 내용이 고려 고종高宗, 재위 1213~1259 2년(1215년) 각훈覺訓이 저술한 『해동고승전海東高僧傳』에 전한다. 묵호자에 이어 아도가 다시금 모례의 집을 찾아오자 모례는 "과거 고구려 승려 정방正方과 멸구자滅坵玼를 신라 사람들이 죽었는데 어떻게 또 오셨습니까" 하며 아도의 신변을 걱정하고 있다. 이를 통해 보면 묵호자와 아도가 비록 닮았다고는 하지만, 모례의 집에 수차례에 걸쳐 고구려의 불교 포교단이 방문했다는 사실은 묵호자와 아도가 순차를 두고 신라에 건너온 별개 승려임을 확인할 수 있다. 여기서 "닮았다"고 한 뜻은 '묵호자'가 한자 뜻 그대로 '검은 외국인'을 광범위하게 지칭하는 표현이어서 묵호자나 아도가 모두 북방민족과의 혼혈이거나 혹은 서역 출신이었기 때문에 이국적인 용모를 지녔다는 점에서 닮았다고 전해진 것일 수도 있다.

여하간 이 외에 모례의 집 인근 아도가 머물렀다는 선산 도리사桃李寺에 있는 〈아도화상사적비阿道和尙事蹟碑〉나 『삼국사기』 등 추가적인 사료가 있으나, 다소 차이는 보여도 대체적으로 이 네 명의 아도 설화 범주에서 크게 벗어나지 않는다. 우리는 과연 이 네 명의 아도를 어떻게 정리해야 할까. 우선 아도의 출생 설화를 단서로 삼아야 할 듯하다.

아도가 태어나기 위해서는 일단 중국에서 사절단이 고구려로 건너와야 하는데, 중국 사절단이 고구려로 오는 경우가 흔한 일은 아니었다. 가장 먼저 눈에 띄는 것은 492년 북위北魏에서 사절단을 보낸 기록이다. 그리고 보면 3세기에 위魏에서 사절이 왔다는 첫 번째 아도의 기록은 실은 '북위'에서 온 사절단 기록이 잘못 전해진 것일 가능성이 매우 높다. 그렇다면 아도의 실제 출생은 그 다음해인 493년 무렵일 것이다. 또 그는 16세에 고구려 사절이 중국에 갈 때 아버지를 찾아 함께 떠났는데, 그러면 대략 508년쯤이 된다.

마침 이때에 고구려에서 중국으로 사절을 보낸 기록이 있다. 나아가 아도는 3년 후 고구려로 돌아왔는데, 아마 그 시기에 파견된 사절단이 돌아올 즈음 함께 돌아온 것으로 보인다. 고구려는 508년, 509년에도 계속 북위에 사절을 파견했으므로 그들을 따라 돌아왔다면 매우 자연스럽다.

다음 단서는 아도가 신라로 들어온 후 중국에서 향이 신라로 전래된 것이다. 기록에는 양나라 사절이 향을 들고 왔다고 했지만, 사료에 의하면 양나라가 신라에 사절을 보낸 적이 없다. 대신 신라가 백제 사절이 양나라에 갈 때 함께 사절을 보낸 적이 있는데, 이때가 521년 법흥왕 때였다. 만약 509년 무렵 아도가 중국 북위에서 고구려로 돌아왔다면, 그리고 곧이어 신라로 들어와 10여 년간 포교활동을 하다가 신라 왕실에 불려갔다면 모든 것이 비교적 무리 없이 설명된다.

이렇게 본다면 신라에 불교를 전한 아도는 실제로는 509년 이후 신라에 건너왔으며, 순도에 이어 고구려에 왔다는 아도와는 동명이인인 듯하다. 남은 문제는 묵호자와 아도의 관계다. 법흥왕 대의 아도는 실제로 신라에 불교를 처음 전한 인물이었을까? 묵호자는 상상의 인물일까?

그런데 『삼국유사』 권1 「기이紀異」 '사금갑射琴匣' 조에는 비처왕이 거문고 상자 안에서 정을 통하고 있던 궁궐 내전 분수승焚修僧과 궁주를 처벌한 사실을 전하고 있다. 이는 비처왕 시기에 이미 불교가 전해져 있었음을 암시한다. 또 앞서 언급했듯이 아도가 모례의 집에 왔을 때 모례는 고구려승 정방과 멸구자가 신라인에 의해 살해

<연가칠년명 금동불입상> 전면과 후면. 539년,
금동, 높이 16.2cm, 국립중앙박물관 소장, 국보 제119호.
후면 광배 명문 속 '유포' 범위는 한반도 전역,
나아가 일본도 포함된 것으로 볼 수 있다.

되었음을 전하고 있는데, 이 역시 아도 이전에 이미 신라에 불교를 전하려는 노력이 있었음을 시사한다. 비처왕에게 죽임을 당한 분수승도 사실은 간통을 하고 있었던 것이 아니라 종교 탄압을 받아 누명을 쓰고 순교한 고구려계 승려가 아니었을까? 실제 신라는 묵호자가 건너온 시기인 눌지왕 때부터 반고구려 노선을 걷기 시작했다. 묵호자나 아도가 숨어서 포교를 했던 것은 이러한 반고구려 정서와 무관하지 않은 듯하다. 그럼에도 고구려 승려들이 목숨을 걸고 신라에 잠입해 불교를 전하려 했던 이유는 무엇이었을까? 그것은 순수한 종교적 염원이었다고 밖에는 설명할 수 없다. 어쩌면 '묵호자, 아도 등이 서역 출신이다', '북위와의 혼혈이다'라고 하는 것은 신라의 이러한 반고구려 감정에 대해 그나마 외국인 여권을 지닌 승려들을 포교단장으로 임명함으로써 신라 안에서 운신의 폭을 넓혀보려는 궁여지책이었을 것으로 보인다. 그들의 활동은 마치 영화 〈미션〉(1986)에서 목숨을 걸고 폭포를 거슬러 올라갔던 예수회 선교사들을 연상케 한다.

이렇듯 애틋한 고구려 승단의 신라 포교 활동이 남긴 흔적이 하나 있다. 바로 〈연가칠년명 금동불입상延嘉七年銘金銅佛立像〉인데, 539년 기미년에 고구려에서 만들어 '유포流布시킨' 천불 중 하나라는 명문이 쓰여 있다. 그런데 이 불상이 발견된 곳은 경상남도 의령이었다. 지금까지 고구려 불상이 신라 땅에서 발견된 것은 단지 우연이라고만 치부되었다. 그러나 명문에 등장한 그 '유포'라는 단어의 뜻을 곱씹어볼 필요가 있다. 고구려 교단이 생각한 유포의 범위는 단지 고구려 영토에 머물렀던 것이 아니라, 실은 신라를 포함한

한반도 전역에 걸쳐 있었던 것이다. 아도의 염원이자 이차돈의 염원이던 흥륜사 착공 후 10여 년, 고구려계 승려들의 순수한 포교활동은 이제 경남 지방까지 확대되고 있었다.

이차돈과 흥륜사

이차돈은 왜 순교해야만 했을까?

앞서 살펴본 것처럼 고구려에서 온 아도 스님이 신라에 불교를 처음 전했으나 왕실이 중심이 되지 않고 민중에서 시작한 포교여서 그랬는지 불교가 널리 확산되지는 못했다. 그러다 아도 스님이 법흥왕의 왕녀를 치료해준 사건을 계기로 법흥왕도 불교를 믿으려고 했지만 토착 종교집단의 극심한 반발에 맞닥뜨렸다. 이로 인해 결국 이차돈이라는 인물의 순교가 있고 나서야 겨우 불교가 공인되었는데, 이 내용은 『삼국유사』 '원종흥법염촉멸신原宗興法猒髑滅身'에 소개되어 있다.

한 사회가 새로운 종교를 받아들일 때 순교자가 나오는 것은 종종 들어온 이야기이므로 문제될 것은 없어 보인다. 그러나 『삼국유사』를 읽어보면 순교 정황에 의문이 생긴다. 예를 들어 로마시대나 조선시대에는 왕실에서 금지하는 종교를 민간에서 믿으려 했기 때문에 박해와 순교가 일어났지만 이차돈의 순교는 왕실에서는 믿으려고 한 반면 주변의 반대에 부딪혀 일어난 사건이었다. 사실상 법흥왕은 이차돈을 지켜주고 싶었다. 그들은 한편이었으며 더욱이 친족이기까지 했다. 그럼에도 법흥왕은 스스로 이차돈의 처형을 결정할 수밖에 없었다. 한 국가에서 처형의 결정권자는 왕이었기 때문에 어쩔 수 없었다.

문제는 이차돈 처형의 명분이다. 『삼국유사』에서 언급하는 처형 명분은 대체로 두 가지로 정리된다. 하나는 이차돈이 신라 최초의 사찰인 흥륜사 건설을 지체했다는 것이다. 그리고 두 번째는 왕이 흥륜사 창건을 명한 일이 없는데도 이차돈이 왕명이라고 속여 공사를 일으켰다는 것이다. 이렇게 두 가지 설이 분분한 것을 보면 전해지는 이야기가 여러 가지였던 모양이다. 여하간 두 이야기를 정리해보면, 하나는 법흥왕 스스로 이차돈에게 불만을 품은 것이고, 다른 하나는 주변 세력이 이차돈을 고발한 것이다.

그러나 이는 표면적 이유일 뿐이다. 사실 법흥왕은 이차돈에게 불만을 가질 일이 없었다. 흥륜사 공사 또한 법흥왕이 일으킨 것이지 이차돈의 속임수가 아니었다. 이차돈이 법흥왕에게 자신을 죽이고 대신 불법이 퍼질 수 있게 해달라고 요청함으로써, 즉 이차돈과 법흥왕이 계획하고 벌인 처형이었다. 불교의 공인을 위해 사람의 목숨을 내어놓는 것이 과연 부처님의 가르침에 부합하는 것일까? 실제로 도대체 무슨 일이 있었기에 이차돈은 죽어야 했을까? 만일 그의 죽음이 법흥왕과 계획한 일이었다면, 왜 그가 죽어야 다른 사람들이 불교를 믿는다고 생각했을까? 공사가 지체되었다고 해서 책임자인 이차돈을 죽이면 불교를 안 믿던 사람들이 믿게 될까? 공포심을 조장해 억지로라도 불교를 믿게 만들려고 했다는 말일까? 『삼국유사』는 더 자세한 이야기는 전하지 않는다.

이를 두고, 법흥왕과 이차돈이 서로 약조하고 벌인 일은 아니었다고 보는 해석도 있다. 즉, 법흥왕은 불교에 관심이 많았는데 평소 법흥왕의 총애를 받아온 이차돈이 왕명을 조작해 흥륜사 창건을 함부로 주도한 까닭에 법흥왕이 그를 제거했다고 보는 것이다. 충분히 그럴 수 있다. 그렇다면 제거된 인물이 왜 갑자기 신라가 불교를 공인하게 만든 영웅으로 둔갑했을까? 또 오늘날의 인천공항이나 고속철도 건설에 비할 수 있는 대규모 공사를 최고 결정권자도 모르게 주도한다는 것이 과연 가능했을까? 더구나 비밀리에 벌이는 일도 아니고 신라의 신성한 숲 천경림天鏡林에서 진행되는 공사였는데 말이다. 이런 일이 어떻게 처음부터 왕의 귀에 들어가지 않을 수 있겠는가? 그러므로 일단 흥륜사 공사는 이차돈이 왕명이라 속이고 단독으로 처리한 일로 보기에는 석연찮은 부분이 남는다.

아무래도 흥륜사를 건설하는 과정에서 토착 종교를 믿는 귀족·군신의 반대가 점점 커져 결국 이차돈을 죽일 수밖에 없었다고 보는 것이 대체로 받아들여지고 있다. 반대파의 불만은 무엇이었을까? 그들의 원성이 향한 곳은 결국 법흥왕이었을 것이다. 그렇다면 왜 이차돈이 죽었을까? 이쯤에서는 상상력을 발휘해보자.

아도 스님은 법흥왕의 왕녀를 치료한 이후 보상으로 흥륜사를 지어달라고 요청했다. 더구나 신라 토착 종교에서도 신성하게 여기던 천경림에 불교 사찰을 세워달라고 했으니, 토착 종교집단으로서는 코앞 쿠바에 미사일이 배치되는 것을 결사적으로 막아야 했던 미국의 입장과 비슷했다고나 할까? 강력한 반발이 있었을 것이다. 그럼에도 일단 흥륜사 건립 공사가 시작되었다는 것은 상호 간 어느 정도 양해가 이루어졌다고 생각해야 할 것 같다. 법흥왕이 어떻게든 반대파를 설득하지 않았을까? 법흥왕에게는 왕녀를 치료해준 데 따른 보답이니 어찌 거절할 수 있겠는가, 그대들이 왕녀의 병을 고쳤다면 이런 일은 아예 일어나지도 않았을 것 아닌가 등 나름 명분이 있었다. 이처럼 공사 시작 국면에서는 흥륜사 건립 상황이 받아들여졌을 것이다. 그렇지 않고서야 이차돈을 죽음으로까지 몰아간 강력한 토착집단이 처음부터 흥륜사 공사를 막지 못했을 이유가 없다. 때문에 이차돈의 순교를 촉발한 토착집단의 불만은 흥륜사 창건 자체를 향한 것이었다고는 볼 수 없다.

그렇다면 그 다음으로 생각해볼 수 있는 것은 공사 진행 과정의 문제를 들 수 있다. 이차돈이 공사를 지체했기 때문에 죽임을 당했다고 하는 것은 아마도 공사 진행 과정상의 어떤 문제가 원인이었음을 짐작케 한다. 이런 경우 문제는 틀림없이 돈 문제이지 않을까? 거액의 공사대금을 빼돌렸다, 착복했다, 원래 예산보다 많은 비용이 들어가고 있다, 공사를 공정하게 입찰하지 않고 친족에게 맡겼다 등등의 문제는 오늘날에도 국가 차원의 대규모 공사에 늘 따라붙는 잡음이다. 특히 그것을 최고 통치권자가 주도할 때는 단순한 비리가 아니라 국가 스캔들로 확대된다. 흥륜사 공사도 마찬가지였을 것이다. 처음 양해된 예산 규모, 천경림에 할당된 흥륜사 부지 면적은 공사가 진행됨에 따라 점점 불어났을 것이며, 이에 반대파에서는 건립 공사가 확대되는 것은 곧 법흥왕이 뒷돈을 불리기 위한 수작의 일환이라는 주장도 제기되었을 것이다. 법흥왕의 실제 의도는 순수했더라도 역사 속에서 불교를 핑계로 탈세나 재산 축적이 종종 있었던 것을 보면 당시 귀족들이 불교를 일으키려고 하는 법흥왕의 의도를 순수하게만 보지는 않았던 정황을 조금은 이해

▲ 〈경주얼굴무늬수막새〉, 지름 11.5cm, 국립경주박물관 소장.

이차돈 순교의 배경이 된 흥륜사의 위치를 놓고 현재 경주공업고등학교 자리 혹은 영묘사지로 전해지는 곳으로 추정한다. 일제 강점기에 흥륜사지에서 수습되었다고 전해지는 얼굴무늬수막 새는 당시 정황을 알고 있을까?

▼ 〈이차돈 순교비〉와 그 부분, 높이 106cm, 국립경주박물관 소장.

백률사(栢栗寺)에 있던 이 비석이 『삼국유사』에서 언급한 국통 혜륭(惠隆) 등이 이차돈을 위해 817년에 세운 비일 것으로 추정된다. 『삼국유사』에 따르면 이차돈의 무덤을 수축하고 이 비 석을 세웠다고 했는데, 그렇다면 이 비석이 있던 백률사 인근에 이차돈의 무덤이 있을지도 모 른다.

할 수 있다. 실제로 흥륜사 창건은 왕실 사비로 이루어질 계획이었으나 공사가 예상보다 커지면서 불법적으로 국가 예산을 흥륜사에 일부 전용했을지도 모른다.

그것이 사실이든 아니든, 불교를 반대하던 토착 세력은 이런저런 핑계로 법흥왕에게 책임을 추궁했을 것이고 급기야 탄핵 국면으로 몰고 가지 않았을까? 특히 당시로서는 외래 종교, 신흥 종교에 불과한 불교가 국정을 마냥 농단하는 데도 왕이 수수방관했으니 탄핵 대상이 되지 못할 것도 없다. 이때 나선 것이 이차돈이었을 것이다. 이차돈은 모든 책임을 자신이 지기로 했다. 한마디로 도마뱀 꼬리가 된 셈이다.

『삼국유사』에서 이차돈이 법흥왕에게 "소신이 저녁에 죽더라도 다음 날 아침에 불법이 행해져서 부처님이 다시 나투신다면 왕께서는 길이 평안하게 되실 것입니다"라고 한 말은 어쩌면 모든 책임을 자신에게 물어 국법으로 다스린다면 왕은 위기를 모면하게 될 것이므로, 이후 흥륜사를 끝까지 완공시켜 불법을 일으켜달라는 부탁의 뜻으로 해석된다. 법흥왕은 그렇게 하고 싶지 않았겠지만 정치적 상황이 너무도 급박했으리라. 그래서 왕실을 지키기 위해 눈물을 머금고 이차돈이 죄를 뒤집어쓰도록 내버려두었을 것이다. 527년 아마도 8월 5일 아침, 이차돈은 참수되었다.

그런데 상황은 여기서 끝나지 않았다. 『삼국유사』에서는 이차돈을 참수하자 그의 목에서 흰 피가 뿜어져 나왔다고 했다. 어떻게 피가 흰색일 수 있을까? 기이한 일이지만, 이 역시 어떤 상징적 의미가 있을 것으로 생각된다. 흰 피는 이차돈의 결백을 상징하는 것이 아닐까? 이차돈이 모든 죄를 뒤집어쓰고 죽었으나 사후에 모든 것이 모함, 오해였고 이차돈은 공금을 착복한 일이 없었다는 사실이 밝혀진 것이다. 법흥왕의 공금 전용이 일부 있었더라도 그보다는 이를 덮기 위해 목숨을 버린 이차돈의 충성이 오히려 부각되면서 법흥왕의 입장에서는 반전의 기회가 생겼다. 탄핵을 주도한 토착 종교집단은 되레 역풍을 맞았고 흥륜사 건립 공사를 두고 더는 왈가왈부할 수 없게 되었다.

어쩌면 그러한 모함에 대한 피비린내 나는 보복이 일어났을 수도 있었다. 그러나 법흥왕은 보복 대신 침묵을 요구했다. 흥륜사 공사에 대한 토착 종교집단의 침묵이야말로 이차돈의 죽음과 맞바꾼 불교 공인의 금강석 같은 초석이었다.

무왕과 미륵사

왕권의 기초가 된 익산의 황금

백제 제30대 왕 무왕武王, 재위 600~641은 공식적으로는 제29대 법왕法王, 재위 599~600의 아들이지만 『삼국유사』 '무왕' 기사는 다소 특이한 그의 출생을 이야기하고 있다. 그의 어머니는 그를 낳기 전에 과부가 되었는데, 서울 남쪽 못 가에 집을 짓고 살다가 용과 관계하여 무왕을 낳았다는 내용이다. 어릴 때는 마(서여薯蕷)를 캐다가 팔며 생업을 이었기에 그의 어릴 적 이름은 서동薯童이었다. 도대체 왕의 아들인데 그 어머니가 왕자를 낳기도 전에 과부가 되었다는 것은 무슨 이야기이고, 또 왕자인데 어릴 때 마를 캐다 팔며 생계를 유지했다는 것은 어떤 상황일까? 만일 한 과부가 운 좋게 왕을 만나 재가해서 무왕을 낳았다고 볼 수도 있겠으나 그럼에도 마를 캐다 팔아야 생활이 되었다는 것은 왕자의 삶과는 거리가 멀어 보인다. 그의 출생은 정말로 가난했을까? 서동은 정말로 왕자가 맞긴 했을까?

하지만 그가 왕위에 오를 당시의 정황을 보면 이해가 되기도 한다. 일단 그의 선대왕인 법왕은 불과 재위 1년 만에 사망했다. 그리고 법왕의 선대왕이던 제28대 혜왕惠王, 재위 598~599도 비록 70세가 넘어 즉위하긴 했지만 불과 1년 만에 사망했다. 이들의 사인은 알 수 없으나 여하간 백제 왕실이 크나큰 위기를 맞이한 시기였다

고 볼 수 있다. 혜왕은 형인 위덕왕威德王, 재위 554~598에게서 왕권을
이어받았는데, 혜왕과 위덕왕 형제의 아버지는 백제의 가장 위대한
왕이었으나 허무하게 신라와의 전쟁에서 목숨을 잃은 그 유명한
성왕聖王, 재위 523~554이다. 백제는 성왕이 전사한 후 고구려, 신라와
의 경쟁에서 수세에 몰렸지만, 성왕이 워낙 나라 안팎에서 존경받
은 덕분에 아들 위덕왕까지는 그 후광에 힘입어 그럭저럭 왕실을
보존할 수 있었다.

그런데 백제는 나라 이름에서부터 보이다시피 연합국가의 성격
이 강했다. 백제가 건국될 때 첫 국호는 '십제+濟'였다. 여기서 '제濟'
는 '건너다', '돕다', '나루' 등을 의미한다. 즉, 큰 도시는 항상 강을
끼고 형성되기 때문에 이렇게 물길로 이어져 있는 도시국가 열 개
쯤을 연합해 하나의 국가를 형성했다는 뜻으로 볼 수 있다. 오늘날
에 비유하면 '십제'는 곧 '유나이티드 스테이츠United States'인 셈이다.
이후 비류와 온조 세력이 합쳐져 백제로 이름을 바꿨을 정도로 연
합은 더욱 커졌다. 하지만 이 연합은 백제 왕권의 능력에 따라 강
력한 연합이 될 수도, 느슨한 연합이 될 수도 있었다. 그나마 성왕
의 그림자가 서려 있던 위덕왕마저 세상을 뜨자 이 연합에 균열이
가고 왕권은 균열의 틈에서 세력을 얻은 새로운 권력집단에 의해
흔들리기 시작할 때 혜왕과 법왕이 등극했던 것이다.

법왕은 정치적으로는 별다른 활동을 남기지 않았다. 다만 치적
이라면 불교를 장려한 정도다. 이를 위해 나라 안에서 살생을 금지
했는데 이러한 조치는 인도 아소카왕의 치적을 모방한 것임에 틀
림없다. 그의 시호인 법왕, 즉, 다르마 왕이라는 것도 실상 아소카

왕을 일컫는 또 다른 표현이다. 그렇기에 법왕은 정치에 깊이 관여할 수 없는 자신의 처지를 마치 불교에 귀의해 정치에 스스로 관여하지 않는 것처럼 보여 위안을 삼고 체면을 살리려 했는지도 모르겠다.

여하간 법왕 사후 등극한 무왕, 즉 서동은 『삼국유사』에 따르면 법왕의 적자는 아니고 먼 친척쯤으로 보인다. 그래서 어릴 때 왕실 안에 머무르지 못하고 익산에서 지내며 왕실에 공납될 마를 포함한 채소나 산나물 등을 관리하던 보직을 맡고 있었던 것이 아닐까. 그러다 법왕이 마땅한 후사 없이, 혹은 그 후사마저 제거되자 실권 없는 왕을 원한 연방세력 수장들에 의해 추대되어 왕위에 올랐을 것이다.

서동은 신라 제26대 왕 진평왕眞平王, 재위 579~632의 딸 선화공주와의 결혼으로도 유명하다. 선화공주가 아름답다는 말을 듣고 무조건 신라로 찾아간 서동은 〈서동요〉로 알려진 노래를 퍼뜨려 마치 선화공주가 남자와 정을 통한 것처럼 소문을 내 궁궐에서 쫓겨나게 만들었고, 쫓겨난 선화공주를 아내로 삼았다고 한다. 서동이 신부를 굳이 나라 밖에서 찾은 이유를 두고 아마도 토착귀족과 외척으로 엮여 간섭받는 것을 사전에 배제하기 위한 의도가 깔려 있을 것으로 해석하기도 한다.

그런데 『삼국유사』 '무왕' 조에 의하면 선화공주가 신라 궁궐에서 쫓겨날 때 어머니인 왕후가 금 한 덩이를 몰래 쥐어주었다고 하는데, 서동이 그 금덩이를 보고는 자신이 어릴 적부터 마를 캐던 곳인 익산에 그런 금을 흙덩이처럼 쌓아두었다고 했다. 이에 선화공주는 먼저 익산의 금을 친정인 신라로 보낼 것을 제안하고, 서동은 자주 가르침을 받던 익산 사자사獅子寺의 지명법사知命法師를 찾아가 금을 어떻게 운송하면 좋을지 물었다. 그러자 지명법사가 비술을 써서 금을 신라 궁궐로 순간 이동시켰다고 한다. 이에 비로소 신라 진평왕이 서동을 사위로 인정하게 되었다는 행복한 결말의 서사다.

『삼국유사』는 서동이 왕위에 오를 수 있었던 것은 든든한 장인을 배후에 두게 된 덕분이며 장인의 마음을 돌린 것은 귀한 것인 줄 몰랐던 금이라고 했으니, 금이라는 매개체를 가볍게 보면 안 될 것이다. 그런데 서동이 증조할아버지인 성왕을 무참히 살해한 신라 왕실의 공주를 넘보고, 금도 백제가 아닌 적국 신라로 먼저 보낸 것은 아무리 처가라고는 해도 다소 납득하기 어렵다. 더구나 서동은 금도 못 알아볼 정도의 무지렁이였다는 것인가?

어쩌면 서동이 찾아낸 금은 단순한 금덩어리가 아니라 사금 같은 원석 형태였을지도 모른다. 현대인도 금이 귀한 줄은 알지만 천연 광물 상태로 불순물과 섞여 있다면 알아보지 못할 것이다. 즉 신라인은 사금을 분별하고 거기서 금을 추출할 줄 알았지만 당시 백제는 그런 기술을 갖추지 못한 게 아닐까? 선화공주를 통해 사금 추출법을 알게 되면서 익산에서도 금이 산출된다는 것을 비로소 알아차리지 않았을까? 그렇다면 사금을 신라로 보낸 것은 바로 그 추출법을 배우기 위한 일종의 수업료라고 생각할 수도 있다.

나아가 금을 배경에 두고 왕위에 올라 그를 왕위에 올린 사람들의 기대와는 달리 강력한 왕으로 성장한 무왕은 익산으로의 천도

▲ 『삼국유사』 '무왕' 조의 배경이 된 익산 미륵사지 뒤편 용화산.
사자사는 지금의 용화산 사자암 자리로 추정된다.

▼ 사자사 자리에 자리 잡은 현재의 사자암.

를 계획했다. 그러나 삼국의 대규모 전쟁을 앞둔 시점에서 전진기지로서 보다 북쪽으로 천도하는 것이 아니라 남쪽으로 이동하는 것은 앞장서야 할 왕실이 취할 행동은 아닌 듯하다. 이에 대해 학계는 전남 지역, 즉 백제 후방의 옛 마한 지역을 확실히 복속하기 위한 조치로 보거나 혹은 전쟁에 필요한 물자를 철 산지인 마한 지역에서 원활히 공급하기 위한 목적 때문일 것으로 추정한다. 나아가 부여의 토착귀족을 지역 기반에서 끌어내기 위한 목적도 있었을 것이다. 그러나 여기에 덧붙여 무왕의 비밀 자금줄이던 익산의 금광을 안전하게 지키는 것이야말로 전쟁을 지속해나가는 데 필수 불가결한 요소였을 가능성을 배제할 수 없다. 신라는 신라대로 그들이 보유한 사금 추출 기술을 활용해 이익을 극대화하고자 무왕에게 기술 이전을 조건으로 금을 지원받았을 수 있다. 실제 익산은 일제 강점기만해도 유명한 금 산지였다고 하니, 서동이 마를 캐며 발견했다는 금 이야기를 가볍게 흘릴 일은 아니다.

그렇다면 이러한 익산의 금을 신라로 순간 이동시키는 비법을 사용했다는 지명법사는 누구일까? 마침 『삼국사기』, 『해동고승전』에 같은 시기에 활동한 신라의 당나라 유학파 승려 지명법사가 등장한다. 때문에 혹자는 사자사의 지명법사는 신라 진평왕이 파견한 첩자 역할을 하던 승려로 해석하기도 한다. 만일 그것이 사실이라면 사금 추출 기술 측면에서 볼 때 지명법사는 대량의 사금에서 순금을 추출해 불필요한 부피를 없애고 이동을 용이하게 만든 1차 정제기술담당자였을 것 같다.

익산을 대표하는 백제 말기 유적지인 미륵사지彌勒寺址는 이러한 무왕의 염원과 의지를 반영한 기념비와도 같다. 특히 미륵사를 세울 때 지명법사가 산을 허물어 단번에 연못을 메웠다고 하니 이번에도 그의 역할이 지대했다. 현재 남아 있는 건물지를 보면 지반의 습기로부터 목조건물을 보호하기 위해 석조 기둥으로 건물을 떠받쳐 반지하 시설을 둔 독특한 공법을 사용했는데, 이는 나중에 신라 감은사感恩寺에도 적용되었다. 산을 무너뜨려 연못을 메웠다는 것은 과장이겠지만 늪지를 메웠을 때의 건축적 문제를 지명법사가 해결했다는 뜻으로 보면 좋을 것이다.

그런데 굳이 왜 이 거찰을 늪지 위에 세웠을까? 설화에 의하면 연못에서 미륵삼존이 출현했기 때문이라고 하는데, 그렇다고 부처님이 출현한 신성한 연못을 굳이 메울 필요는 없었을 것 같다. 어쩌면 서동과 선화공주 부부가 본 미륵삼존은 물가에 위치한 새로운 사금 산지였고, 이를 대외적으로 비밀에 부쳐 작업을 하기 위해 미륵사라는 대형 작업장이 꼭 필요했던 것인지도 모른다. 이때 진평왕도 사람을 보내 공사를 도왔다 하니 과거의 해묵은 원한도 군자금 확보를 위한 양국의 합의 앞에 잠시 사라진 순간이었던 셈이다. 백제와 신라가 겨누던 칼을 잠시 내려놓게 만든 익산의 황금, 그 실체를 익산 미륵사지탑에서 출토된 사리장엄구에서 엿볼 수 있다.

연못을 메워 세웠다는 미륵사.
습한 곳에 굳이 사찰을 세운 것은 반드시 이곳에 세워야 했던
강력한 이유가 있었기 때문일 것이다.

미륵사지 서석탑 뒤편 건물지는 건
물을 지반에서 띄워 세우는 독특한
기초를 지니고 있다. 습기로부터 건
물을 보호하려는 이러한 방법은 지
명법사가 고안한 것이 아닐까?

▲ 무왕은 왜 백제 후방인 익산을 새 수도로 정하고 이렇게 거대한 미륵사를 세웠을까?

▼ 미륵사지 서석탑에서 출토된 〈금제사리내호(金製舍利內壺)〉. 국립익산박물관 소장. 보물 1991호.
무왕의 권력을 든든히 받쳐준, 익산에서 출토된 금으로 만든 것이 아닐까?

황룡사 장륙상 제작지

문잉림은 어디인가?

황룡사 금당에 봉안되어 있던 신라 삼보三寶의 하나인 금동장륙상은 진흥왕 대인 574년에 완성되었다. 『삼국유사』에 의하면 이 불상은 인도의 아소카왕이 만들려고 했던 것이었으나 이루지 못하자 불상을 만들려던 금동 재료를 배에 실어 바다로 떠나보냈는데 이 배가 신라에 도착했고 진흥왕이 거둬 완성한 것이라 한다. 고려시대 몽골 침입 때 불타버린 이 불상의 복원적 고찰에 대해서는 졸고 『불꽃 튀는 미술사』(2021, 백두문화재연구원)의 열 번째 논쟁에서 다룬 바 있다. 여기서는 더 구체적으로 과연 그 거대한 불상을 어디서 제작했을까를 이야기해보고자 한다.

'장륙상'의 '장륙丈六'이란 1장 6척 크기라는 말이다. 1장은 10척이므로 결국 16척인 셈이다. 오늘날 1척은 대략 30센티미터이므로 16척이면 480센티미터가 된다. 하지만 과거에는 1척의 길이가 시대마다 달랐다. 짧게는 22센티미터에서 길게는 35센티미터까지 다양했다. 그래서 설계에 어떤 길이의 '척'이 쓰였는지를 알면 그것이 언제쯤 만들어졌는지 추정하는 데에도 도움이 된다. 연구자들은 황룡사 장륙상에 35센티미터 정도를 1척으로 한 고구려 측량법이 쓰였을 것으로 추정한다. 왜냐하면 황룡사가 건립되었을 당시의 건물터를 살피니 고구려 측량법을 따른 것으로 보이기 때문이다. 그

◀ 1968년 무렵, 6.5미터 높이 이순신 장군 동상 점토 원형 옆에 선 조각가 김세중. (출처: 김세중미술관)

▼ 황룡사지 금당터에 남아 있는 장륙상 대석. 전체 길이는 3.15미터, 가운데 둥근 부분 지름도 1.6미터에 이른다.

렇다면 장륙상의 높이는 5.6미터에 달했다고 추측할 수 있다.

570년대에 이처럼 거대한 불상을 어떻게 제작했을까? 예를 들어 보자. 서울 광화문에 세워진 이순신 장군 동상은 그 높이가 6.5미터다. 워낙 개방된 공간에, 워낙 높은 곳에 설치되어 크기가 실감 나지 않지만, 바로 옆에 사람이 서 있는 사진을 보면 이순신 장군 동상이 얼마나 큰지 알 수 있다. 황룡사 장륙상은 이보다 1미터쯤 작았지만, 서기 500년대라는 시기를 고려하면 실제로는 이순신 장군 동상을 뛰어넘는 어마어마한 작업이었을 것으로 짐작된다.

이순신 장군 동상을 주조하는 데 들어가는 구리를 확보하는 일은 1960년대에도 여간 어려운 일이 아니었다고 한다. 그래서 처음에는 군대에서 나온 탄피를 녹여 시도했지만 실패했고, 이후에도 구리를 구하기 힘들어 구리가 구해질 때마다 부분적으로 주조해 용접했다고 하니, 신라시대에 이에 버금가는 상을 만드는 데 필요한 구리를 대량으로 한꺼번에 조달한다는 것이 얼마나 힘들었겠는가. 장륙상에 들어간 재료를 아소카왕이 인도에서 보내주었다는 설화는 아마도 진흥왕이 구리를 확보하기 위해 어디선가 수입해 왔다는 사실을 미화한 것이 아니었을까.

여하간 구리는 어떻게 구했다 하더라도 이를 주조하는 문제가 남았다. 일단 가장 간단하게는 큰 불상을 여러 개로 나누어 주조한 다음에 이를 하나로 붙이는 방식이리라 추측하기 쉽다. 그러나 당시에는 지금과 같은 용접기술이 없었다. 용접은 쇠를 쉽게 녹여 이어붙일 수 있는 용접기가 있어야 가능한 일이다. 당시에는 고작 납땜 정도의 기술만 있었는데, 납땜은 접합력이 약하기 때문에 무거운 주조물을 납땜으로 붙여놓는 것은 매우 위험하다. 더구나 부분적으로 나눠서 제작한 주조품을 서로 결합할 때 정확히 크기가 들어맞도록 만드는 것도 당시로서는 사실상 실현하기 어려운 작업이었다. 주조물은 냉각되면서 크기가 수축되기 마련인데, 설령 처음에 정확히 크기를 맞춰 제작했더라도 부분적으로 주조하는 조건에 따라 수축비율이 다르다. 그러므로 이를 정확히 일치시키는 것은 생각처럼 간단한 일이 아니다.

그렇다면 불상이 아무리 거대하다고 하더라도 처음부터 하나로 이어 붙여 만드는 방법 밖에는 없다. 대신 녹은 구리를 주물 틀에 한번에 붓는 것이 아니라 조각을 한 층 한 층 단계별로 나누고, 맨 아래에서부터 차례로 주조하며 올라가는 방법이 있다. 이 방법도 각 부분이 완전히 접합되지는 않지만, 그래도 이미 주조된 아랫단 위에 쇳물이 녹아들어가면서 그 윗단을 형성하기 때문에 부분이 딱 맞게 맞물린다는 장점이 있다. 그래서 실제로 중국이나 일본에서는 이러한 방법이 많이 사용되었다. 황룡사 장륙상도 그렇게 만들었을까?

이 방법으로 주조하기 위해서는 한 가지 조건이 있다. 불상이 봉안될 바로 그 자리에서 주조되어야 한다는 것이다. 앞서 언급했지만, 이렇게 만들면 비록 부분이 서로 긴밀하게 서로 엮여 있기는 하지만 완전한 용접은 아니기 때문에 만일 이 불상을 어디론가 옮기려고 한다면 주조 단계별 마디마디가 결국은 떨어져 나가고 말 것이다. 그래서 이 방식으로 불상을 만들 때에는 절을 짓기 전에 먼저 불상을 만들고 이후 그 위에 법당을 지어야 한다.

그러나 황룡사는 이렇게 할 수 있는 상황이 아니었다. 황룡사는 이미 569년에 완성되어 있었다. 불상을 주조하기 위해 있던 건물을 허물고 불상을 세울 수는 없었다. 지금이야 결론적으로 장륙상이 황룡사에 봉안되었던 것을 알고 있지만, 원래는 완성될지 안 될지도 모르는 거대한 불상을 일단 주조해보고, 만약 성공하면 그 다음에 어디로 옮겨 봉안할지가 결정될 사안이었다. 더구나 『삼국유사』는 장륙상을 만든 곳이 황룡사가 아닌 '문잉림文仍林'이라고 분명히 밝히고 있다. 따라서 장륙상은 층층이 쌓아올리는 방식으로 황룡사 현장에서 만들어진 것이 아니라, 문잉림이라는 어떤 장소에서 주조되어 옮겨온 것이 틀림없다. 결국 이렇게 다른 장소에서 만들어서 옮겨 오려면 하나로 이어진 주조품일 수밖에 없다는 결론에 다다르게 된다.

이 역사를 이룬 '문잉림'은 어디였을까? 현재 경주에서 문잉림으로 알려진 숲은 없다. 이 숲은 장륙상 주조 이야기 외에 『삼국유사』 '혜통항룡惠通降龍' 조에 또 한 번 등장한다. 고승 혜통惠通은 문무왕文武王, 재위 661~681 대에 활동한 밀교승인데, 중국 당나라의 무외삼장無畏三藏을 사사했다. 그러다 스승을 대신해 밀법密法으로 황실 공주의 병의 원인이던 교룡을 쫓아냈는데, 이 교룡이 복수를 위해 신라로 건너와 문잉림에 머물며 사람들을 해쳤다. 이에 신라 사신 정공鄭恭이 찾아와 혜통에게 이 사실을 고했고 혜통이 665년 신라로 돌아와 용을 쫓아냈다는 것이다. 그런데 이 용이 자신을 고자질한 정공을 원망해 정공 집 앞 버드나무가 되었다고 한다. 이 때문에 문잉림은 정공의 집 근처였을 것이라는 추론이 등장했다.

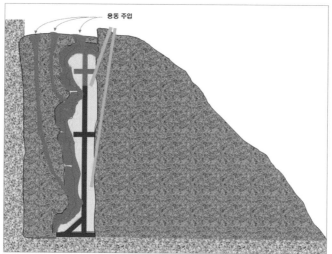

용동 주입

▲ 거대한 불상은 층층이 단을 쌓아가면서 주조하는 방법도 있었으나 이러한 경우는 대부분 봉안할 장소에서 바로 주조했기 때문에 주조 후 위치를 옮길 수 없었다. 그러나 황룡사 장육상은 문잉림에서 주조해 황룡사로 옮겨온 것이기 때문에 이러한 방식으로 제작된 것이 아니었음을 짐작할 수 있다.

▼ 얕은 언덕에 갱을 파고 그 안에서 장육상을 주조하는 장면 상상도.

그럼 정공의 집은 어디였을까? 정공은 신문왕릉을 조성할 때 그의 토지 일부가 수용되었던 모양으로, 이를 거부하다 죽임을 당했다. 신문왕릉의 위치는 현재 낭산朗山 자락 선덕여왕릉과 사천왕사지四天王寺址의 동편에 있는 능으로 비정되고 있다. 그렇다면 이곳은 이미 신유림神遊林으로 널리 알려진 숲이기도 하다. 문잉림은 신유림 옆에 있었을까? 이러한 가정은 문잉림이 정공의 집 근처에 있었을 것이라는 전제에서 가능하다. 또한 신문왕릉의 위치에 대해서도 다른 의견이 많아 단정하기 어렵다. 특히 혜통이 문잉림에서 기껏 용을 쫓아냈는데, 바로 옆집 버드나무에 숨어들었다는 것은 조금 앞뒤가 안 맞는 것도 같다.

　한편 어떤 연구는 문잉림의 위치 자체보다는 문잉림이라는 숲에서 불상 조성이 이루어진 배경 그 자체를 고찰한다. 경주의 신성한 숲이던 계림鷄林, 천경림, 신유림처럼 문잉림 역시 신성한 숲이었고, 불상의 신성함을 더하기 위해 그곳이 특별히 제공되었을 것이라는 주장이다. 앞서 다룬 아도화상의 어머니 고도령은 신라에 과거불과 연관된 절터가 일곱 곳 있다고 했는데, 그중 천경림, 신유림 같은 숲이 포함되어 있다.

　그런데 미술사학자의 시각에서 보면 이러한 고찰 이전에 먼저 염두에 두어야 할 부분이 있다. 문잉림이라는 숲이 황룡사 장륙상의 제작지로 선정되기 위해서는 어떤 상징적 이유도 있었겠지만, 그보다 제작에 필요한 물자 조달이나 작업 공간 확보, 제작 후 이동이 용이한 지형 등 보다 현실적이고 다급한 조건이 맞아떨어져야 한다는 것이다. 우선 다량의 구리를 녹이기 위해서는 많은 양의 장작이 필요하다. 숲이 대상지로 선정된 것은 숲 자체의 신성함 때문이 아니라 장작 확보 때문이었을 가능성이 더 높다. 그래서 나무를 베어내고 나면 자연히 공간도 만들어진다.

또한 대형 틀에 쇳물을 한번에 부어 주조할 때 야트막한 언덕을 이용하기도 했다. 보통은 주물 틀을 땅 아래 묻은 상태에서 쇳물을 붓지만, 장륙상처럼 대형의 무거운 주물을 땅에 묻어 붓고 나면 그것을 다시 꺼내기가 어렵기 때문이다. 그래서 야트막한 언덕을 활용하면 주조 후에 그 언덕을 무너뜨려 주물을 꺼낼 수 있는 장점이 있다. 대신 언덕이 있던 자연경관은 완전히 파괴될 것이다.

만약 문잉림이 신성한 곳이었다면 계림이나 신유림처럼 지속적으로 전해내려 왔겠지만, 지금은 사라진 이유도 여기에 있을 것이다. 사실상 문잉림은 장륙상을 주조하고 난 다음에는 파괴되어 숲의 기능을 잃었을 것으로 보인다. 따라서 문잉림은 최소한 불교를 신봉한 진흥왕에게는 결코 신성한 숲이 아니었으며, 어쩌면 토착 신앙 집단의 성소쯤은 되었을지도 모르겠다. 황룡사가 용궁을 위협하며 세워졌듯이, 문잉림도 장륙상 주조를 위해 결국 헐린 것이 아닐까.

혜통이 쫓아낸 교룡이 하필 문잉림에 숨어든 이유도 나름 있을 것이다. 불상 제작이 끝나고 90여 년이 지난 무렵, 나무는 모두 베어지고 불상을 파내기 위해 무너지고 검게 그을린 언덕은 을씨년스런 분위기를 자아내고 있었음에 틀림없다. 마치 귀신 나오는 폐가처럼 보이는 이 숲은 사람을 해치는 용이 머물기에 적합한 곳으로 보였으리라.

따라서 이렇게 사라진 문잉림의 위치를 찾기 위해 현존하는 숲을 뒤지는 것은 더는 의미가 없을 듯하다. 오히려 거대 불상을 주조했던 웅덩이, 불에 탄 목재가 집중적으로 폐기된 토층 같은 흔적을 찾아야 한다. 어쩌면 그 안에서 장륙상의 원형 틀 파편이나마 발견될지도 모르겠다. 장륙상을 황룡사까지 옮겨오는 일 역시 만만찮은 일이었을 것이기 때문에 그곳은 황룡사에서 그리 멀지 않으면서 고대 도로로 연결되었을 그 어디쯤일 것이다. 미술사학자가 보기에 문잉림은 글이나 상징 속의 공간이 아니라 예술가의 치열한 작업장이었다.

흥륜사의 재구성

『삼국유사』에 흩어진 퍼즐 맞추기

홍륜사는 아도 스님의 제안으로 법흥왕이 시작하고 결국 이차돈의 순교로 완성된 신라 최초의 공식 사찰이었다. 그러나 당시 대표적인 사찰이 이런저런 흔적이나마 남기고 있는 것에 비해서 홍륜사는 완전히 베일에 가려져 있다. 그 위치가 어디였는지조차 불분명하며 어떻게 운영되었는지, 그리고 어떻게 사라졌는지에 대한 정보 역시 없다. 그저 조선시대 문집 등을 통해 15세기에 이미 터만 남아 있었음을 알 수 있는데 어쩌면 황룡사처럼 몽골 침입 때 불탔는지도 모르겠다.

하지만 『삼국유사』는 여러 곳에서 홍륜사를 언급하는데, 이는 홍륜사가 신라의 중요한 사찰이었다는 반증이기도 하다. 흩어져 있는 정보를 모아가면 부족하나마 그 실체에 한 걸음 다가갈 것이므로 미술사학자에게는 훌륭한 미술사적 사고 훈련의 대상이기도 하다.

우선 홍륜사는 어디에 있었을까? 아도화상의 어머니 고도령은 신라 포교를 권하면서 경주에 과거칠불이 설법하던 곳이 있다고 했는데, 그중 첫 번째가 금교金橋 동쪽 천경림으로 나중에 이곳에 홍륜사가 세워졌다. 일연 스님은 '금교 동쪽'이라는 부분에 섬세하게 주석을 달아 천경림이 어디인지 후세에 전하고자 했다. 금교는 곧 서천교西川橋이며 속칭으로는 송교松橋라고 했다는 것이다. 그러나 지금 우리는 금교, 서촌교, 송교로 불린 이 다리가 어디였는지 모른다. 오늘날 사전에는 천경림의 위치가 '남천의 북쪽'이라고 나와 있지만, 그렇게 서술된 이유는 그곳이 흥륜사지로 알려져 왔기 때문에 역으로 천경림 자리라는 추정일 뿐 천경림 자체로서 확인된 바는 없다.

현재 서천교라는 다리가 실재하기는 한다. 하지만 이는 현대에 세워진 다리이기 때문에 고려 대상은 안 되지만, 일제 강점기의 증언을 들어보면 지금의 서천교에서 남쪽으로 돌다리 흔적이 있었다고 하니, 그것이 금교의 흔적이라면 서천교에서 그리 먼 곳은 아니었다고 추정해볼 수 있다.

또 하나의 단서는 「기이」 편 제1 '미추왕 죽엽군未鄒王竹葉軍' 조에 나오는데, 미추왕味鄒王, 재위 262~284 능이 '흥륜사 동쪽에 있다'는 기술이다. 현재 대릉원 중 한 고분을 미추왕릉으로 추정하므로 이는 중요한 단서가 될 수 있다. 다만 이를 반박하는 견해도 있다. 미추왕은 3세기 무렵 인물이지만 대릉원의 대형 적석목곽분은 4~5세기에 형성된 것으로 보기 때문에 미추왕릉이 될 수 없다는 것이다.

그럼에도 『삼국유사』의 해석에 따른 미추왕릉설을 무시할 수 없다. 왜냐하면 대릉원이 설령 고고학적으로 보았을 때는 미추왕릉이 될 수 없을지 몰라도 일연 스님이 살던 고려시대에는 그곳이 지금처럼 미추왕릉으로 알려져 있었을 가능성도 충분히 있기 때문이다. 따라서 이를 인정하는 데 너무 인색할 필요는 없을 듯하다.

한편 미추왕은 김알지金閼智의 후손으로서 처음 왕위에 올라 김 씨 왕조의 시조가 된 인물이므로 법흥왕이 흥륜사를 왜 미추왕릉 근처 천경림에 무리해서 세우려고 했는지 그 의도가 짐작된다.

여하간 이를 인정한다면 흥륜사의 위치를 대략 추정해볼 수 있다. 학자들은 현재 경주공업고등학교 자리에 흥륜사가 있었을 것으로 보는데 실제로 절터 흔적이 확인되기도 했다. 그러나 일반적으로 알려져 있는 흥륜사지는 따로 있다. 경주시 사정동 281-1번지로 현재 흥륜사라는 이름의 절도 들어서 있다. 이곳은 일제 강점기까지도 흥륜사터로 알려져왔다. 그런데『신증동국여지승람新增東國輿地勝覽』(1530)이나『동경잡기東京雜記』(1669)에는 흥륜사지가 경주부 남쪽 2리에 있다고 했다. 경주 관아가 있던 자리를 기준으로 본다면 현재 흥륜사는 실상 4리 정도에 해당한다. 반면 경주공업고등학교 자리야말로 '경주부 남쪽 2리'에 들어맞기 때문에 근래는 이곳을 흥륜사터로 더 강력히 추정한다.

또 지도상으로 보면 현재 흥륜사가 자리한 곳은 서천에서 한참 동쪽으로 가야 하지만, 경주공업고등학교 자리는 서천 바로 동쪽에 위치하고 있어 일연 스님이 말한 '서천교(금교) 동쪽'이라는 표현에 더 잘 들어맞는다. 참고로 흥륜사터로 알려져온 현재 흥륜사 자리는 영묘사터로 추정된다.

흥륜사의 위치는 이 정도로 살피고, 그렇다면 흥륜사는 어떤 모습이었을까 알아보자. 우선「기이」편 제1 '도화녀 비형랑桃花女鼻荊郎' 조에 흥륜사 남문이 등장한다. 비형은 폐위된 진지왕眞智王, 재위 576~579의 혼령이 도화녀란 여인과 동침해 낳은 아들인데, 그와 어울려 다니던 귀신 중의 하나인 길달吉達이 흥륜사 남쪽에 문루를 세웠고 늘 그 문루에 올라가 잤다는 내용이다. 그래서 이를 '길달문'이라 불렀다고 한다. 우리나라 사찰의 문, 예를 들어 일주문이나 금강문 등은 모두 단층이다. 그러나 일본 호류지法隆寺 중문, 도다이지東大寺 남대문 등은 모두 중층 문루 형식이어서 비교가 된다. 이 '도화녀 비형랑' 조를 통해 신라시대 사찰 남문 역시 중층 문루 형식이고 거기다 사람이 2층으로 올라갈 수 있는 구조였음을 추정해 볼 수 있다. 물론 길달은 귀신이었기 때문에 올라갈 수 있었고 사람이 올라가는 계단 같은 것은 없었을 수도 있다.

또 하나의 퍼즐은 「탑상」 제4 '흥륜사벽화, 보현興輪寺壁畵普賢' 조다. 위의 길달문은 아쉽게도 경명왕景明王, 재위 917~924 때 불타버렸기 때문에 921년 대대적으로 복원에 들어갔으며, 이때 제석천이 하늘에서 내려와 공사를 주도했다는 내용이다. 공사를 마치고 제석천이 돌아가려 하자 사람들은 제석천의 모습을 벽화로 그려 남기고자 했다. 그러나 제석천이 자기 대신 보현보살을 그려 모시라고 당부해 보현보살의 화상을 그려 모셨다. 이 보현보살상을 어디에 그렸는지는 정확히 언급되지 않았지만, 아마도 제석천이 내려와 새롭게 만들었다는 흥륜사 남문에 모셨을 것으로 보는 게 자연스럽다.

흥미롭게도 우리나라 금강문에는 문수·보현동자가 금강역사상과 함께 좌우에 모셔지는 경우가 많으며, 이러한 사례는 우리나라만의 특징이다. 이렇게 문에 보현보살을 그리는 전통이 『삼국유사』의 '흥륜사벽화, 보현' 기사에 나오는 흥륜사 남문에서 시작된 것은 아닐까?

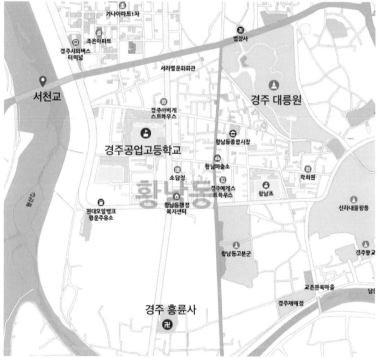

▲ 흥륜사지로 알려진 곳에서 출토된 영묘사(令妙寺)명 기와편.

▼ 흥륜사지 인근 현재 경주 지도. 왼쪽 상단 서천교, 하단 경주 흥륜사지, 그 위쪽
경주공업고등학교, 오른쪽 상단 대릉원 위치 참고.

그밖에도 흥륜사와 연관된 작은 퍼즐이 『삼국유사』 안에 숨겨져 있다. 특히 이들 기사는 흥륜사에서 일어난 여러 영험한 사건과 연관되어 있어 당시 사람들에게 흥륜사가 얼마나 신성한 곳으로 인식되고 있었는지 짐작하게 해준다. 예를 들어 밀본密本 법사는 일찍이 선덕여왕이나 승상 김양도金良圖의 병을 치료해준 밀법승이었는데, 특히 김양도의 몸에 들어와 있던 악귀를 물리쳐주자 신심이 깊어진 김양도는 소조로 아미타 삼존상을 제작해 흥륜사오당吳堂의 주존불로 봉안했다. 여기서 '오당'은 흔히 법당으로 해석되지만, 그것이 흥륜사의 주불전, 즉 금당인지 아닌지는 명확하지 않다. 이때가 태종무열왕太宗武烈王, 재위 654~661 대로 생각되므로 흥륜사가 세워지고 이미 오랜 세월이 흘렀을 때인데, 만약 김양도가 봉안한 불상이 금당에 모셔졌다면 원래 있던 불상은 다른 곳으로 옮겼다는 것이기에 과연 그랬을까 싶기도 하다. 금당이 아닌 다른 부속 전각이었을지도 모르겠다. 금당이라고 명시된 기사인 『삼국유사』「흥법」편 제3 '동경흥륜사금당십성東京興輪寺金堂十聖'에 흥륜사 금당에 열 분의 신라 고승 소조상이 모셔져 있었다고 한 점도 주목된다.

한 가지 의문은 왜 치료는 밀본 법사로부터 받고 불상은 흥륜사에 봉안했을까 하는 점이다. 원래 선덕여왕이 병에 걸렸을 때 흥륜사의 승려 법척法惕을 불러 치료했지만 실패하여 밀본을 부른 것이다(그때까지 밀본은 금곡사金谷寺 소속 승려였던 것 같다). 그때 밀본은 선덕여왕 몸에 들었던 늙은 여우 한 마리와 더불어 법척까지 육환장으로 찔러 고꾸라트렸는데, 같은 승려끼리 좀 너무하지 않았나 싶기도 하지만, 만약 정말 그랬다면 이는 당시 흥륜사가 문제 있는 승려들에 의해 점거되고 있었음을 암시한다고도 볼 수 있다. 그렇다면 법척 세력을 쫓아낸 밀본이 이후 흥륜사에 주석하게 되었다는 의미일지도 모르겠다.

흥륜사에 대한 일연의 애정은 그밖에도 『삼국유사』 곳곳에 실려 있다. 김현金現과 호랑이 여인의 사랑을 다룬 「감통感通」 편 '김현감호金現感虎' 조에는 2월 초파일부터 15일까지 흥륜사의 법당과 탑을 도는 복회福會가 있었다는 기록이 보이며, 「탑상」 편 '미륵선화 미시랑 진자사彌勒仙花 未尸郞 眞慈師' 조에는 흥륜사의 승려 진자眞慈가 법당의 주존인 미륵상 앞에 나아가 발원했다는 이야기, 또 「탑상」 편 '전후소장사리前後所將舍利' 조에는 827년 중국에서 돌아온 고구려 출신의 승려를 흥덕왕興德王, 재위 826~836이 흥륜사 앞길에 나가 맞이했다는 기록, 「기이」 편 '사금갑射琴匣' 조에서는 신덕왕神德王, 재위 912~917이 흥륜사에 가서 행향行香하려 했다는 사실을 확인할 수 있다.

흥륜사가 직접 등장하지는 않지만, 후손의 억울함 때문에 김유신의 혼령이 미추왕릉을 찾아가 호소했다는 『삼국유사』의 기록을 돌아보면, 김유신의 혼령은 무덤에서 나와 아마도 흥륜사 서쪽에 있었다는 금교를 건너 흥륜사 앞을 지나 미추왕릉으로 갔음에 틀림없다.

일연 스님의 이와 같은 꼼꼼한 기록을 통해 흥륜사가 대략 어떤 모습이었으며, 어떤 전각이 있었고, 어떤 불상이 모셔져 있었는지, 또 어떤 행사를 했는지 비교적 소상히 파악할 수 있게 되었다. 바

▲ 완주 송광사 금강문의 보현동자상. 우리나라 금강문에 보현동자가 봉안되는 전통은 흥륜사 남문 보현보살 벽화에서 시작되었는지도 모른다.

▼ 일본 나라현 호류지 중문. 신라 흥륜사의 남문 '길달문'도 이처럼 중층 문루 형식이었음을 『삼국유사』에서 확인할 수 있다.

로 이런 점이 『삼국유사』를 읽고 또 읽게 만드는 이유다. 비록 지금은 그 위치조차 추정에 불과하지만, 기록의 힘은 결국 흥륜사를 불멸의 사찰로 만들어 놓았던 것이다.

자장 율사가 빚어낸 진주,
진신사리

우리나라의 삼보사찰三寶寺刹, 즉 불·법·승佛·法·僧을 대표하는 사찰이라고 하면 불보사찰 통도사通度寺, 법보사찰 해인사海印寺, 승보사찰 송광사松廣寺를 말한다. 그중 부처님을 상징하는 사찰이 통도사인 이유는 석가모니 진신사리를 모신 금강계단金剛戒壇이 있기 때문이다. 유독 이곳의 사리가 진정한 석가모니 사리로 인정받는 이유는 삼국시대가 끝나갈 무렵 자장 율사가 중국 당나라에 유학 갔다가 문수보살께 직접 받아온 사리이기 때문이다. 문수보살께서 직접 전해주신 사리이니 틀림없이 석가모니의 사리이지 않겠는가?

그러나 자장 율사가 정말로 문수보살을 만났다고 하기에는 다소 애매한 부분이 있다. 자장 율사가 문수보살을 친견했다는 『삼국유사』의 기록을 면밀히 살펴보면 문수보살은 직접 문수보살의 모습으로 스님 앞에 나타난 것이 아니다. 『삼국유사』「의해義解」편 '자장정율慈藏定律' 조에 의하면 문수보살과의 첫 만남은 꿈속에서 이루어졌다. 자장 율사는 문수보살을 뵙기 위해 문수보살이 머문다는 중국 산시성 오대산五臺山으로 갔는데 그곳에는 제석천이 만들었다는 흙으로 만든 문수보살상이 있었다. 자장 율사는 이 상 앞에서 명상에 들었다가 문수보살이 자신에게 인도말로 되어 있는 게偈를 내리는 꿈을 꾸었다고 한다. 문수보살을 뵙긴 했지만 이렇게 꿈속에서 뵌 것이다. 한편 『삼국유사』 「탑상」 편 '대산오만진신臺山五萬眞身' 조에는 오대산 북대 태화지 인근 문수보살 석상 앞에서 이 꿈을 꾸었다고 하여 장소가 더욱 구체적인 반면 상의 재료는 돌과 흙으로 차이가 있다.

여하간 인도말로 되어 있는 게송을 자장 율사는 이해할 수 없었는데, 마침 신비로운 승려가 지나다 자장 율사에게 게송의 뜻을 풀어주고 가사와 함께 진신사리를 전해주고 사라졌다. 그런데 이 신비로운 승려가 사실 문수보살이 변신한 모습이었던 것이다. 이 게는 원래 『80권본 화엄경華嚴經』에 나오는 〈수미정상게찬품須彌頂上偈讚品〉인데 이 내용을 자장 율사가 못 알아들었던 이유는 당시 아직 『80권본 화엄경』이 번역되지 않았기 때문이기도 하고, 또한 인도말로 받은 게송이었기 때문에 몰랐을 수도 있다. 여하간 이때 나타난 문수보살은 꿈이 아닌 실제이긴 했지만 승려의 모습으로 나타난 것이다. 원효元曉 대사가 낙산사 관음보살은 만나지 못했지만 원효 대사를 시험해보기 위해 변신한 관음보살을 만난 것과 마찬가지로 자장 율사 역시 문수보살을 친견했다고는 할 수 없다. 물론 차이는 있다. 원효 대사는 시험을 통과하지 못했으나 자장 율사는 문수보살 친견 허락이 보류된 상태였던 것이다. 그리고 가사와 사리까지 받아왔으니 완전한 실패는 아닌 셈이다. 또한 꿈에서이긴 했지만 문수보살께 게를 받았으니 의미 있는 오대산행이었다고 하겠다.

'대산오만진신' 조는 이때 받은 유품을 조금 더 구체적으로 전하며, 붉은 비단에 금 점이 찍힌 가사 한 벌, 석가모니 발우, 그리고 석가모니 두골, 즉 머리뼈 한 점이었다고 기록하고 있다. 이들 유품

▲ 우리나라 5대 적멸보궁 중 한 곳인 오대산 중대 적멸보궁. 이곳을 중국 오대산에 버금가는 불국토로 만든 분이 자장 율사다.

▶ 우리나라 5대 적멸보궁에 속하는 정암사의 〈수마노탑〉. 국보 제332호. 자장 율사가 문수보살을 기다린 마지막 장소이자 입적한 곳이다.

▼ 우리나라 5대 적멸보궁 중 첫 번째이자 불보사찰인 통도사의 금강계단. 자장 율사가 중국 오대산에서 문수보살께 받아온 석가모니 진신사리를 봉안한 곳으로 절대적 권위를 상징하는 성소다.

가운데 가사와 발우는 석가모니께서 마하가섭에게 다음에 올 미륵불에게 전해주길 부탁하신 것과 같고, 선종의 5조 홍인弘忍이 6조 혜능慧能에게 부촉附囑하는 과정에서 가사와 발우를 전수한 것과도 흡사하다. 아마도 '대산오만진신'의 구체적인 품목은 자장 율사를 석가모니로부터 시작하여 가섭迦葉, 용수龍樹, 무착無着, 세친世親 등으로 이어지는 법맥의 진정한 계승자로 부각시키려는 의도가 다분하다. 그러나 이런 신성한 부촉 의식임에도 끝내 문수보살이 실제 보살의 모습으로 현현하지 않고 신분을 숨긴 채 부촉한 사실은 다소 의외로 보인다. 혹여 문수보살께서는 마치 홍인이 혜능에게 부촉하면서 신수神秀의 눈치를 봐야 했던 것처럼, 당나라 사람들의 눈치를 보면서 신분을 숨긴 채 몰래 신라인 자장 율사에게 부촉하고 싶으셨던 게 아닐까? 그도 그럴 것이 자장 율사는 이 사실을 당나라 사람들에게는 숨겼기 때문에 당나라 도선道宣의 『승전僧傳』(즉 『속고승전續高僧傳』)에는 기록되지 않았다는 일연 스님의 주석이 예사롭지 않게 들린다.

또 하나 주목되는 것은 이때 받은 사리가 부처님 '두골 한 점'이라는 것이다. 자장 율사는 신라로 돌아와 오대산에서 얻은 사리를 세 곳에 봉안했는데, 황룡사, 통도사, 그리고 태화사太和寺다. 만약 사리가 한 점이라면 이렇게 세 곳에 나눠 봉안하기는 어려웠을 것이다. 설마 두골 한 점을 세 쪽으로 쪼개어 봉안했다는 뜻일까? 의도적으로 귀한 사리를 쪼개어 셋으로 나누는 것은 상상하기 어렵다. 혹 두골사리가 분신해 스스로 세 점으로 나뉘었다면 가능할 수 있지만 그러한 이야기는 없으니 아마 이때 얻은 사리가 두골 사리 한 점에 그치지 않았을 것으로 보는 것이 자연스러울 것 같다. 흥미롭게도 자장 율사가 모셔온 것이라고 하는 강원도 오대산 중대 적멸보궁寂滅寶宮에 봉안된 또 다른 사리가 '불뇌사리佛腦舍利'라고 전해지는데, 아마도 이 '불두골사리'가 와전된 것으로 보인다. 아마도 자장 율사의 진신사리 설화 계보는 통도사 계열 외에 오대산 계열도 있었으며, 일연 스님의 기록은 이에 대한 흔적일 것으로 추측해볼 수 있다.

한편 게송을 해석해준 승려는 자장 율사에게 신라에 돌아가면 명주溟州 지역에도 오대산이 있고 그곳에도 문수보살이 머물고 계시니 가서 찾아뵈라는 조언도 곁들였다. 자신이 문수보살이니 결국은 다음 만날 장소를 알려주신 셈이다. 이 이야기만 들으면 문수보살은 이제 온라인 채팅을 끝내고 오프라인에서 만나주겠다고 암시를 주신 것처럼 들린다.

희망에 차서 오대산 순례를 마친 자장 율사는 다시금 태화지에서 용을 만났다. 이 설화는 '대산오만진신' 조에도 언급되어 있으나 「탑상」편 '황룡사구층탑皇龍寺九層塔' 조에 보다 자세히 전한다. 이에 의하면 용은 자장 율사에게 황룡사에 구층탑을 세울 것을 조언했다. 황룡사의 호법룡이 자신의 맏아들이니 구층탑을 세워주면 신라가 더욱 강성해질 것이며, 더불어 경주 남쪽에 자신을 위해 절을 지어주면 자신도 신라를 힘껏 돕겠다는 것이었다. 이렇게 세워진 것이 황룡사 구층목탑과 울산 태화사였다. 이렇듯 자장이 진신사리를 봉안한 세 곳 중의 두 곳은 태화지 용의 조언에 따른 것임을 알 수 있다.

▲ 중국 오대산 수상사의 사자를 탄 문수보살상. 자장 율사가 꿈속에서 게송을 받았다는 오대산 문수보살상도 이러한 모습이었을 것이다.

▼ 중국 오대산 북대 태화지. 자장 율사가 꿈속에서 문수보살을 뵙고, 승려로 변신한 문수보살을 만나고, 용을 만나 황룡사탑을 세우라고 조언을 들었다고 전해지는 곳이다.

이렇게 용과의 약속을 지킨 자장은 자신의 원래 숙원이던 문수보살 친견을 위해 강원도 평창 오대산으로 향했다. 그리고 수다사水多寺라는 절을 세워 머물렀는데, 그때 다시금 중국 오대산 북대 태화지에서 만난 신비한 승려가 꿈에 나타나 "대송정大松汀에서 그대를 만나고자 한다"는 말을 남겼다. 자장은 드디어 문수보살을 만난다는 기대에 부풀어 아침 일찍 대송정으로 갔는데, 과연 문수보살이 그곳에 오긴 오셨다. 이전에 비하면 두 분의 관계는 분명 장족의 발전을 이뤘다. 그러나 문수보살은 어렵게 모습을 보여주셨음에도 뭔가 설법을 기대한 자장에게 다시금 "태백산太白山 갈반지葛蟠地에서 기다려라"라는 메시지만 남기고 자리를 떴다. 자장 율사는 아쉬웠지만 다시금 희망을 가지고 태백산 갈반지를 찾아 석남원石南院이란 암자를 짓고 문수보살을 기다렸으니, 이곳이 우리나라에서 진신사리를 봉안한 대표적인 다섯 사찰, 즉 5대 적멸보궁의 하나인 정암사淨岩寺의 전신이다.

그러나 기다리던 문수보살은 오지 않고 죽은 강아지를 삼태기에 담은 걸인이 나타나 문간에서 "자장 좀 보자"며 고함치고 행패를 부리는 것이었다. 제자가 나가 "어디 감히 스승의 이름을 함부로 부르느냐"고 언성을 높였으나 말을 듣지 않자 자장은 그저 '정신이 나간 사람인가 보다'라고만 생각했다. 그러나 알고 보니 이 걸인이야말로 문수보살이었고 죽은 개는 문수보살이 타고 다니는 사자였던 것이다. 문수의 모습으로 돌아온 보살은 "상相에 집착하는 자가 어찌 나를 만나겠는가" 하고는 사자를 타고 하늘로 날아가버렸다. 자장 율사는 아차 싶어 뒤쫓았지만 결국 문수보살을 놓친 후 절벽에 몸을 던져 생을 마쳤다. 이것이 『삼국유사』가 전하는 자장 율사의 최후다.

자장 율사는 비록 잠깐잠깐 문수보살을 친견했다고는 하나 결코 제대로 된 만남은 아니었다. 나중에 살펴볼 관음보살이 원효 스님에게 했던 생리대 세탁물 마시기 시험도 공정하지 못했지만 고함치는 노숙자 참아주기 시험도 좀 심하다. 그런데도 자장 율사를 실패자로 봐야 할 것인가?

우선 일차적인 책임은 문수보살에게 있다. 문수보살이 이렇게 사람을 시험하면서 만나주지 않는 성격이라는 것은 중국에서는 널리 알려졌던 것 같다. 당나라 무착문희無着文喜 선사도 훗날 자장 율사처럼 오대산에 문수보살을 뵈러 갔으나 노승으로 변한 문수보살에게서 그 유명한 "성 안 내는 얼굴이 참다운 공양구요, 부드러운 말 한마디 미묘한 향이로다面上無嗔供養具 口裡無嗔吐妙香"로 시작하는 시만 듣고 내려와야 했다. 그렇다. 문수보살은 어머니의 자비로움을 지닌 관음보살처럼 친절하지 않았다. 자신에게 집착하면 집착할수록 그런 집착이 무의미한 것임을 강하게 알려주고 싶으셨나 보다. 그리고 그렇게 문수라는 상과 이름을 버리는 과정을 통해 스스로 깨달음에 이르게 하려고 했던 것이 아닐까?

실제 무착문희 선사는 나중에 깨달음을 얻고 나서 팥죽을 쑤는데 솥에서 문수보살이 나타나자 주걱으로 뺨을 때렸다고 한다. 기껏 진신을 보여주었는데 따귀를 때린 무착의 행동에 문수보살이 어이없어 하자, 무착은 "문수는 문수고, 무착은 무착이요"라며 태연했다고 한다. 이것이 바로 문수보살이 진정 바라던 바였으리라. 문

수보살은 큰 애정을 가지고 자장 율사가 자신의 뺨을 때려줄 날을
기다리셨던 게 아닐까. 찬하여 말한다.

문수를 향한 마음 열매는 맺지 못했으나
애틋함은 진주처럼 알알이 사리로 맺혔네
보살님 부디 우리 율사 너무 힘들게 마시라
그러다 무착에게 주걱으로 맞으신 게 아니오

사천왕사와 문두루비법

풍랑은 어떻게 일어났을까?

백제와 고구려를 멸망시킨 신라와 당나라 연합군이 한반도의 주도권을 두고 일으킨 나당羅唐 전쟁은 670년 신라가 지원하는 고구려 부흥군이 합세한 연합군이 압록강 너머 당군을 공격함으로써 본격적으로 개시되었다. 당시 신라는 문무왕 통치기였는데, 『삼국유사』 「기이」 편 '문호왕법민文虎王法敏' 조는 문무왕이 당나라를 상대로 벌인 전쟁을 상당히 비중 있게 서술하고 있다. 그중에서도 670년의 사건은 특기할 만하다.

당시 당나라에는 문무왕의 동생 김인문金仁問이 외교사절로 가 있었는데 신라와 당나라의 관계가 악화됨에 따라 볼모로 억류된 상태였다. 마침 당나라에서 유학 중이던 의상義湘 대사는 김인문을 만나 당나라의 대규모 신라 침공 계획을 전해 듣고 서둘러 귀국해 이를 보고했다. 이에 문무왕은 당나라 대군을 어떻게 막아낼지 대신들과 의논했는데, 각간角干 김천존金天存이 "근래 명랑明朗 법사께서 용궁에 들어가 비법을 전수받아 왔다고 하니 그를 불러 물어보십시오"라며 다소 황당한 책략을 제안했다.

나중에 다시 언급하겠지만 명랑 법사가 용궁에서 배워왔다는 비법은 '문두루비법文豆婁秘法'이라고 하는 일종의 불교적 주술이었는데, 왜 이를 불교와 연관된 곳이 아닌 용궁에서 배워왔다고 했는지는 다소 의문이 들 수 있다. 여하간 문무왕은 이 건의를 받아들여 명랑 법사를 불러 대책을 물었는데, 명랑은 낭산 남쪽 신유림에 사천왕사를 세우고 주문을 외울 단을 만들어주면 적을 물리칠 수 있다고 하였다. 드디어 당나라 장수 설방薛邦이 군사 50만으로 서해를 건너니, 명랑 법사가 문두루비법으로 큰 바람과 거센 물결을 일으켜 당나라 수군의 배를 모두 침몰시켜버렸다. 당나라는 다음해인 671년에 5만 수군을 다시 파견했으나 이번에도 명랑 법사의 문두루비법이 이들을 막아냈다.

그런데 『삼국사기』에는 당의 670년 공격 기록은 보이지 않고 오직 671년, 설인귀薛仁貴가 수군을 이끌고 백제로 와서 신라에 대항하는 웅진도독부, 즉 당이 백제에 세운 식민정부를 지원하려다가 신라의 공격을 받고 조운선 70여 척이 패퇴했다는 기록이 보인다. 때문에 670년 문두루비법으로 당의 수군을 물리친 이야기는 『삼국사기』에는 보이지 않는다. 불교에 의지해 외세를 물리친 기사는 『삼국사기』에서 황당한 이야기라고 배제된 것이 아닐까. 아마 670년이나 671년이라는 정확한 연대는 아니더라도, 설인귀의 수군과 신라가 접전한 것은 여러 차례이므로 그중 몇 번 문두루비법의 도움을 받았을 것으로 짐작해볼 수 있다.

'문두루비법'은 과연 무엇이었을까? 우선 해전에서 큰 역할을 했기 때문에 물과 연관된 어떤 힘을 이용한 것으로 짐작된다. 문두루비법의 전거가 되는 『불설관정경佛說灌頂經』에서는 그것이 풍랑을 다스리는 법에 국한된다고 하지 않았지만 여하간 명랑 법사는 풍랑을 일으키는 데 사용했다. 용궁에 들어가 비법을 얻어왔다는 표현도 그것이 물과 연관되었기 때문에 만들어진 설화일 텐데, 용은 곧 물의 신이기 때문이다.

문두루비법이 정말로 풍랑을 일으켰을까? 그것은 알 수 없는 일이지만 『삼국유사』의 기사가 어느 정도 사실에 근거한다는 가정 하에 당시 상황을 재구성해보자. 풍랑은 일단 날씨와 연관된 사안이다. 오늘날 일기예보에서는 풍랑주의보 같은 바다의 기상을 예보해준다. 특히 수군은 바다 날씨에 긴밀하게 영향받을 수밖에 없다. 명랑 법사는 풍랑을 일으키는 마법사가 아닌 풍랑을 예측할 수 있는 과학자였는지도 모르겠다. 그가 용궁에서 비법을 배워왔다는 설화는 바다의 변화무쌍한 일기를 잘 파악하고 예측할 수 있었던 어떤 경험자에게서 지식을 전수받은 사실을 미화한 것이 아닐까? 『삼국지연의』에서 적벽대전의 결정적 승패요인이 동남풍이었고, 제갈량이 기어코 동남풍을 불게 함으로써 승리할 수 있었던 것처럼 해전에서 날씨는 승패를 가르는 중요한 요인이었다.

비록 명랑 법사가 날씨를 미리 살펴 언제 어디서 큰 풍랑이 불지 예측했다고 하더라도 당나라 수군이 그 날 그 길로 바다를 건너지 않는다면 아무런 소용이 없다. 따라서 명랑이 알려준 그 시간, 그 장소로 당나라 수군이 바다를 건너도록 유인하는 것이 중요한 관건이었음에 틀림없다. 전쟁에서 주도권이란 얼마만큼 자신이 유리한 시간과 장소에서 전투가 일어나도록 유도하는가에 달려 있다.

그래서일까. 『삼국사기』에 기록된 문무왕이 당에 보낸 편지는 한 마디로 요약하면 '자신은 원래 당을 때리려고 했던 것이 아니라 백제를 때리려고 했는데 당이 백제를 감싸는 바람에 실수로 때린 것이다, 어찌 감히 당을 때릴 생각을 했겠는가' 하는 구구절절 저자세의 내용이다. 전면전을 피하고 싶은 생각도 있었겠지만, 황급한 순간에 조금이라도 당의 공격을 지체시키려는 지연책으로 보인다. 당나라 역시 오랜 싸움에 지쳐서인지 문무왕의 편지를 그대로 믿고 싶었을 것이다. 그러나 이내 신라의 속셈을 알아채고 본격적인 군사행동을 전개했을 때는 이미 명랑 법사와 신라가 원했던 바로 그 풍랑이 이는 시점이었고, 신라는 그에 맞춰 과감한 선제공격을 감행한다.

670년 침공 때는 풍랑으로 인해 당나라 수군이 바다를 건너보지도 못하고 실패했기 때문에 『삼국사기』에는 아예 기록이 안 되었을 수도 있지만, 이듬해의 침공은 『삼국유사』가 전하는 것과 달리 실제는 풍랑에 의해 당나라 수군이 아예 당도하지도 못하고 궤멸된 것은 아닌 듯하다. 물론 그렇더라도 명랑 법사의 일기예보는 적벽대전, 인천상륙작전에서 바람의 방향이나 조수 간만의 시각이 중요했던 것처럼 매우 중요한 승패의 변수로 작용했을 것이다. 그리고 이러한 예보는 당시에는 과학이 아니라 마술에 가까운 예언처럼 보였을 것이다.

명랑 법사는 사천왕사에서 문두루비법을 행할 때 유가종瑜伽宗 승려 열두 명을 불러 함께했다고 한다. 『불설관정경』에 의하면 지름 77푼인 둥근 나무 기둥에 오방신五方神 이름을 새겨놓고 주문을 외우라고 했다. 그런데 실제 사천왕사에 둥근 구멍이 뚫린 열두 개 초석으로 이루어진 방형 건물지가 금당 좌우로 남아 있다. 마침 그 뚫린 구멍의 지름이 20센티미터를 웃도는 크기라 만약 문두루

문두루비법을 실행하기 위해서였을까?
여느 사지와는 다른 특색이 가득한 사천왕사터 전경.

비법에 필요한 원형 기둥을 여기에 꽂는다면 적당하다. 그래서 『삼국유사』에서 언급한 주문을 외울 때 사용한 단석의 터로 추정되고 있다.

과연 열두 기둥과 열두 명 유가승은 무엇을 의미할까? 동양에서 12는 십이지十二支를 의미하며 십이지는 전통적으로 방위나 시간을 표시하는 데 사용되어 왔다. 그렇다면 사천왕사의 두 단석 유구는 각각 시간을 상징하는 시계와 방향을 상징하는 나침반 역할을 한 게 아닐까? 물론 그것이 해시계 같은 정밀한 것이었다고 보기는 어렵지만 상징적이나마 시·공을 의미하는 시설을 둔 연구소 성격의 사찰이 바로 사천왕사였다고 짐작하는 데 큰 무리가 없을 듯하다.

이처럼 명랑 법사는 풍랑을 일으킨 것이 아니라 이러한 시공 예측 기술을 통해 풍랑이 언제 일어날지를 예견한 것일 수 있다. 그렇다면 신라군의 승리는 결국 신라군에 유리한 풍랑이 일어날 시간, 장소에 당나라 함대가 바다를 건너오도록 유인하는 정보전에서 결정되지 않았을까? 나당 전쟁 기간에 문무왕이 당에 보낸 외교문서는 최대한 시간을 벌어 유리한 싸움터로 당군을 몰아가려고 했던 문무왕의 계책이었을 가능성을 재차 강조해보고자 한다.

즉, 『삼국사기』에 의하면 당나라 장군 설인귀가 항복을 권하는 서신을 보내자, 문무왕은 신라가 당나라에 반역을 꾀한 것이 아니라 백제의 음모라는 것, 그리고 당과 신라가 함께 백제와 고구려를 정복했는데 이제 오히려 당이 백제와 고구려의 편을 들어주는 듯한 태도에 섭섭함이 있지만 그렇다고 당과 전쟁을 원하는 것은 결코 아니라며 상당히 자세를 낮추어 답했다. 마치 싸울 의사가 없는 것 같은 분위기다. 그러나 얼마 안 있어 평양에 도착한 당나라 군대를 공격하고, 당나라 수군을 공격하는 등 실제로는 서슴없이 군사작전을 전개했다. 그러다가 다시금 포로로 잡았던 당나라 장수들을 당에 돌려보내면서 황제에게 서신으로나마 죽을죄를 지었다며 사죄하는 모습은 도무지 신라의 입장을 파악할 수 없게 만든다. 어쩌면 이러한 신라의 태도야말로 의도적으로 시간을 벌려는 계략이 아니었을까?

심지어 당은 이렇게 오락가락하는 문무왕의 관작官爵을 박탈하고 당에 억류해 있던 김인문을 신라왕으로 삼아 신라를 공격해왔는데, 이때도 문무왕은 조공과 사죄의 글을 바치며 당에 저자세를 취했다. 그러자 당은 금세 마음이 풀어져 문무왕을 복위시키고 김인문을 데리고 돌아갔다가 몇 달 후 설인귀가 다시 공격을 해온다. 신라가 오락가락하는 것일까, 당나라가 순진한 것일까. 이 모든 것이 기본적으로는 당과의 전면전을 피하려는 신라의 정책이었겠지만, 그러한 가운데 적재적소에서 당나라 군사의 힘을 빼놓으려는 신라의 외교적 기만술이 돋보인다.

그러는 와중 신라는 674년 2월에 월지月池를 조성했다. 고대 한국 조경의 미학을 보여주는 이 연못을 『삼국사기』 신라본기新羅本紀에서는 그저 문무왕 674년 2월에 '연못을 파고 진귀한 새와 짐승을 길렀다'라고 간략히 언급할 뿐이지만, 당나라와 전쟁을 치르는 가운데 갑자기 한가롭게 연못을 팠다는 것은 상식적으로 이해되지 않는다. 이는 혹시 당나라 군대와의 전면전에서 신라가 밀려 당군이 경주를 포위할 경우 장기적인 농성전에 대비해 자급할 수 있

▲ 사천왕사의 단석터. 열두 개 초석이 있고 구멍이 뚫려 있다. 십이지와 연관된 것으로 보인다.

▼ 사천왕사 목탑지 심초석. 사천왕사는 현재까지 알려진 우리나라 최초의 쌍탑 배치형 사찰이다. 이 역시 문두루비법에서 시작된 것인지도 모른다.

망덕사지 당간지주에서 바라본 낭산.
당 사신 악붕귀가 바라본 덕요산 아래 절이 혹시
저 낭산 아래 자리한 사천왕사가 아니었을까?

는 식수 및 가축을 비축하기 위한 시설을 연못으로 위장해 마련한 게 아닐까. 이처럼 한편으로는 당군을 달래고, 한편으로는 공격하고, 한편으로는 장기전을 대비한 것은 신라가 나당 전쟁에 있어 전투의 시점과 장소를 그들에게 유리하게 이끌기 위해 당을 기만하고 있었음을 암시하는 부분이다.

결국 나당이 전쟁을 종식하고 평화조약을 맺으려던 무렵 당은 마지막 협상조건을 내걸었다. 바로 사천왕사 사찰査察이었다. 당은 사천왕사가 나당 전쟁 기간에 중요한 역할을 했다는 첩보를 입수했다. 마치 북한이 핵무기를 포기하고 핵사찰을 받아야 평화회담이 열릴 수 있는 것과 같은 이치다. 이에 당은 예부시랑禮部侍郎 악붕귀樂鵬龜를 파견했다. 그러나 이 비밀병기를 포기할 수 없었던 신라는 당의 사찰단을 속이기 위해 사천왕사와 가까운 곳에 사천왕사처럼 쌍탑을 세운 절을 급조해 그쪽으로 사찰단을 안내하기로 했다. 물론 여기에는 사천왕사의 핵심시설인 두 개의 십이지단은 생략되어 있었다.

무척 대담무쌍한 계획이었지만 급히 새로 만든 절 곳곳에 대패질한 나뭇조각이나 톱밥이 남아 있었을 것이고 안료의 아교 냄새도 가시지 않았을 것이다. 악붕귀 일행은 그 절이 가짜임을 한눈에 알아보고는 문 앞에서 들어가기조차 거부했다. 『삼국유사』는 이렇게 기록했다. "不是四天王寺 乃望德遙山之寺." 이 문장의 의미를 번역본들은 조금씩 다르게 풀이하는데, "이는 사천왕사가 아니라면서 이내 덕요산의 절을 바라보았다", "이는 사천왕사가 아니라 망덕요산의 절이요" 등으로 해석한다. '덕요산의 절을 바라보았다'는 뜻일까 아니면 '망덕요산의 절'이라는 뜻일까? 둘 다 모호하다. 일 단 주변에 '덕요산'이란 산은 없으며 '망덕요산'의 뜻도 불분명하다. 후에 이 급조한 절을 '망덕사'로 불렀다고 하니 후자의 해석에 무게 가 더 실리기도 한다. 그러나 왜 당 사신이 '망덕요산의 절'이라 했 는지, '망덕'이나 '요산'의 의미가 무엇인지는 알 수 없다.

때문에 오히려 전자의 해석에 관심이 간다. 사신이 절에 들어가 지 않고 덕요산이라 칭한 다른 산 아래 절을 바라보면서 저곳이 진 짜가 아닐까 의심했다는 것으로 보면 어떨까? 그렇다면 그 덕요산 은 분명 진짜 사천왕사가 있는 낭산이었을 것이다. 낭산을 왜 덕요 산이라 불렀는지는 알 수 없으나, 이를 지금은 사라진 낭산의 또 다른 이름으로 본다면 문장구조상 어색할 것이 없다. 현재 망덕사 뒤쪽으로 바라보이는 산이 낭산이고 그 아래 사천왕사가 있으므 로, 결국 '덕요산만 바라보다 갔다'는 뜻으로 망덕사라 한 것이 아 니었을까? 덕요산의 '덕'은 혹시 낭산에 장사지낸 선덕여왕과 관련 된 명칭은 아닐까?

아무튼 이 문장은 신라 최고의 비밀병기인 사천왕사가 뿜어내 는 신성한 기운을 당나라 사신도 느낄 정도였음을 강조해 그 위용 을 은근히 드러내려는 행간의 뜻이 있었던 것 같다. 비록 사천왕사 는 공개되지 않았지만 신라가 뇌물 공세로 악붕귀의 마음을 돌려 평화협정은 체결되었다. 이후 신라가 다시금 문두루비법을 꺼내 쓸 일이 일어나지 않았다는 것은 신라에게나 당에게나 다행한 일이 었다.

원효의 뼈로 만든 진영상

설총의 뜻일까 원효의 바람일까?

언젠가 '원효의 사상이 한국 문화에 미친 영향'이란 주제로 학술 대회가 개최된 적이 있다. 왠지 원효와 문화, 혹은 원효와 예술은 잘 어울리는 느낌이다. 반면 '의상 스님과 예술', 혹은 '자장 율사와 예술' 같은 개념은 다소 생소하게 들린다. 아마도 그것은 원효 스님의 삶이 자유분방하며 기인의 행동을 보인 점에서, 그의 삶 자체가 파격인 점에서 예술적인 성향과 맥이 통한다고 여겨지기 때문일 것이다. 물론 의상, 자장 두 분 역시 불교미술사 측면에서 중대한 영향을 남겼지만, 대중적으로는 원효 스님이 좀 더 예술적 삶을 살았다고 알려져 있다.

원효는 정말 예술을 깊이 이해하고 사랑했을까? 플라톤이 예술을 비판적으로 생각한 반면 아리스토텔레스는 예술을 긍정적으로 받아들이고 예술학의 고전이 된 『시학Peri poiētikēs』을 쓴 것처럼, 의상이나 자장 스님과 대비되는 원효의 한 특징으로 예술성을 들 수 있을까?

원효 스님 사후 사건도 무척 예외적이다. 널리 알려져 있다시피 원효는 태종무열왕의 딸 요석공주瑤石公主와 동침해 아들 설총薛聰을 낳았다. 이를 두고 『삼국유사』는 원효 같은 훌륭한 존재가 대를 잇지 않고 끝나는 것은 국가적 손실이라는 태종무열왕의 배려로 요석공주와 혼인해 후사를 보게 되었다고 하고, 혹은 원효가 일부러 더 속세로 들어와 널리 포교하고자 취한 방편이었다고 보기도 한다. 다른 한편에서는 원효의 민중불교적 성향이 너무 혁신적이어서 국가차원에서 의도적으로 점잖게 원효를 파계시켜 그의 세를 조금이나마 주춤하게 만들려고 했다는 해석도 있다.

무엇이 진실이든, 원효의 파계는 그야말로 파격적인 그의 행보를 여실히 보여주는 사건이었다. 그렇게 낳은 설총과 어떤 부자지간의 정을 유지했는지는 명확히 전해지지 않지만, 설총은 원효가 입적하자 화장하고 남겨진 뼈를 부숴 가루를 만들고 이를 점토와 섞어 아버지 원효의 상像을 만들었다. 상당히 끔찍한 일처럼 들리기도 한다. 화장 후 분골이야 지금처럼 분골함에 넣어 매장하면 될 일인데 그것을 섞어서 상을 만들다니! 편히 쉬어야 할 고인에게 예의가 아닌 듯하지만, 실제로 고승의 유골을 그렇게 반죽해 초상을 만드는 전통이 있었던 모양이다.

중국 시안西安에서 출토된 흙으로 빚어 만든 봉헌판 중에는 '선업니善業泥'라는 명문이 적힌 작품이 다수 전한다. 이들은 비록 고승의 생전 모습을 빚은 것은 아니고 부처님을 새긴 판이지만 승려의 뼛가루를 넣어 만들었다는 점이 특이하다. 돌아가신 분이 부처의 몸으로 태어나기를 바라는 제자나 신도의 바람이 담긴 것은 아닐까? 그렇다면 원효를 부처의 형상이 아닌 원효 자신의 모습으로 만든 것은 무슨 의미일까? 아마도 원효 자체로 완벽하므로 원효의 모습 그대로 중생 곁에 머물러달라는 더 큰 바람이 담겼을 것이다. 말하자면 고승의 몸 그대로 미라가 된 이후 금을 입혀 만든다는 등

신불의 또 다른 갈래쯤 될 것 같다.

이처럼 좋은 뜻이 담긴 진영상眞影像이 원효의 유지遺旨였는지 아니면 설총이 생각해낸 것인지와 관련해 전해지는 것은 없다. 이런 전통이 있었다면 다른 예도 있어야 할 것인데, 알려지기로는 원효 스님이 유일하다. 따라서 이런 장례법이 신라 사회에서 얼마나 널리 행해진 것이었는지도 알 수 없다. 다만 원효의 행적을 생각해보면 이는 원효가 전혀 원하지 않는 바는 아니었을 것 같다. 원효는 평소 어려운 불교 교리를 쉽게 풀이해 중생에게 전했고 '무애무無碍舞'라는 춤도 만들어 직접 시연했다고 하니, 만약 중생에게 도움 될 수 있는 일이라면 자신의 뼛가루쯤 내놓지 못할 분은 아니었다고 생각된다. 원효가 사라졌음에도 그의 모습을 그대로 유지하고 싶었다는 것은 설총뿐 아니라 신라 중생에게 그의 부재가 그만큼 크게 다가왔다는 반증이 아닐까?

원효가 만든 '무애무'는 평범한 표주박 하나에 이름을 '무애無碍'로 붙여놓고 이를 가지고 춤을 추는 것이었다고 한다. '무애', 즉 '걸림이 없다'는 뜻인데, 특히 화엄華嚴에서 중시하는 무애 개념을 엉뚱하게도 표주박에 연결시켜 놓았으니 우스꽝스러운 일이다. "에이, 스님, 이게 무슨 무애입니까, 그냥 박이잖아요"라고 사람들이 이상하게 여기지 않았을까? 그러면 원효는 말했을 것이다. "그래서 무애인 게야, 모든 것은 그저 이름 붙이기 나름인 게지. 너라는 몸뚱이에 '영수'라는 이름을 붙여놓고 이게 영수다 이게 영수다 하는 것이나, 이 박에 '무애'라는 이름 붙여놓고 이게 무애다, 이게 무애다 하는 것이 뭐가 다르단 말인가? 만약 네 몸뚱이가 영수인 게 의미가 있다면 박이 무애인 것도 의미가 있는 것이요, 만약 박이 무애인 것이 의미가 없다면 네 몸뚱이가 영수인 것도 의미가 없지. 그게 바로 무애인 게야"라고 말이다.

어쩌면 원효는 이러한 이름 짓기 개념에서 벗어나야 한다는 것을 말하려고 한 게 아닐까? 거기서 더 나아가 결국 언어적 사고에서 벗어나 모든 것을 있는 그대로 본다는 것의 중요성을 역설하고자 한 게 아닐까? 이러한 원효의 생각은 그가 저술한 『열반종요涅槃宗要』의 한 문장에서 찾아볼 수 있다. "일심一心의 성품은 오직 부처만이 그것을 본체로 삼을 수 있으므로 이 마음을 불성佛性이라 한다. 다만 이 한 성품을 나타냄에 있어서는 여러 측면에서 그것을 설명하였다." 즉, 진실은 하나(일심)인데 이를 여러 가지 말로 나타냈을 뿐이라는 것이다. 표주박에 무애라 이름 붙여놓고 이에 구애받지 말라(무애) 하였으니 이 얼마나 정곡을 찌른 말인가? 이렇게도 부를 수 있고 저렇게도 부를 수 있으나 나는 그저 무애로 부를 뿐이라는 뜻이 아닐까?

그런데 『열반종요』의 이 지적은 인도의 오랜 사상집인 『우파니샤드Upaniṣad』에 나오는 다음의 문장을 그대로 옮긴 것에 다름 아니다. "Ekam Sat Vipra Bahudha Vadanti." 풀이하면 "진리는 하나이지만, 현자들은 이를 여러 가지 방식으로 말한다"의 뜻이다. 원효는 왜 인도의 이 오랜 격언을 인용했을까? 바로 '화쟁和諍'의 대가였던 원효는 여러 종파와 해석이 사실은 하나의 진실을 말하고 있으나 다만 서로 다른 방식으로 설명하고 있을 뿐이라는 점을 분명히 지적한 것이다. 따라서 화쟁, 다시 말해 서로 소통하려면 언어적 한 일본 교토 고잔지에 소장된 원효 진영(얼굴 세부).
설총이 만든 원효 스님 진영상을 참고해서인지
다른 고승 진영에 비해 개성이 뚜렷하다.

계, 설명의 한계를 벗어나 본질을 봐야 한다는 것을 지적한 것이다.

예술은 무엇인가? 그것은 언어를 뛰어넘어 소통을 이루게 하는 것이다. 언어로 표현되지 않는 부분, 언어로 표현할 수 없는 영역을 표현하는 것이다. 공자도 일찍이 이를 간파하고 『예경禮經』에서 다음과 같이 말했다. "예禮는 사람들의 거리를 멀게 하고, 악樂은 사람들의 거리를 가깝게 한다." 예는 사람들 간에 질서를 두고 격식을 갖추게 하는 것이고, 악, 즉 예술(음악)은 사람들을 허물없게 하는 것이어서 이 둘이 조화를 이루는 가운데 사람과 사람 사이가 너무 멀지도 너무 가깝지도 않게 하는 것이 중요하다는 의미다. 공자는 결코 '예'만 중시하지 않았다. '예'는 언어로 이루어진 이성 세계, '악'은 언어 바깥의 감성 세계를 말한 것이리라. 원효가 예술을 중시했다면 바로 언어를 뛰어넘어 소통하게 만드는 힘에서 화쟁의 단초를 찾았기 때문으로 생각된다.

그런 의미에서 원효는 예술의 힘, 즉 언어를 뛰어넘게 만드는 힘을 분명히 인식하고 있었으며, 무애무와 마찬가지로 자신의 진영상을 놓고서도 재미있는 수수께끼를 중생이 풀기를 바랐을 것 같다. "이 안에 내가 들어 있는데, 그럼 이건 원효인가 아닌가?"

생전에 원효가 분황사에 머물 때 설총이 종종 그를 찾아갔다고 한다. 어느 가을, 설총이 시키실 일은 없는지 여쭙자 원효는 절 마당 낙엽이나 쓸어놓고 가라고 했다. 설총은 낙엽을 말끔히 쓸어 한쪽에 모아두었다. 이를 본 원효가 낙엽을 한 움큼 주워다 다시 마당에 뿌리고는 "가을은 원래 이런 것이다"라고 했다는 설화가 잘 알려져 있다. 낙엽을 쓸기는 쓸되 모든 것을 있는 그대로 받아들이려고 했던 원효의 마음은 낙엽을 쓴 것과 쓸지 않는 것을 구분하는 이분법적 틀에서 벗어나기 위한 하나의 방침을 일러준 것이 아니었을까.

한편 신기한 것은 설총이 만든 원효 진영상이 설총이 예배를 드릴 때 고개를 돌려 그를 바라보기도 했다는 것이다. 마치 살아 있을 때의 모습과 같았다는 뜻이니 당시 사람들은 이 역시 원효 스님의 실제 뼈를 넣어 만든 상이었기에 가능했다고 믿었을 것이다. 종종 그림이나 벽화 속 보살이 예불자의 움직임에 따라 눈동자를 돌려 쳐다보았다는 이야기는 있지만, 이렇게 고개를 돌린다는 것은 설명하기 어려운 문제다. 이에 대한 필자의 해석은 뒤에서 태현太賢 스님의 신기한 이적을 다룰 때 설명하려고 한다. 다만 생전에 무심했던 아버지 원효가 입적하고 나서야 아들을 향해 고개를 돌려 생전에 다 주지 못한 부정을 설총에게 전하고자 하니 애처로울 따름이다. 찬하여 말한다.

박을 무애라 한다면 나도 원효요
무애가 아니라면 나도 원효 아니네
어차피 흙으로 돌아갈 몸일 뿐인데
흙이 내 모습이라고 어찌 안 들어가리!

중국 시안박물원에 소장된 선업니 명문이 있는 소조 봉헌판.
실제로 고승의 유골을 넣어 상을 만드는 전통이 중국에도 있었다.

◀ 〈합천 해인사 건칠희랑대사좌상〉,
고려시대, 높이 82cm, 국보 제333호.
고려시대에 건칠기법으로 제작된 이 목조
상은 고승의 모습을 지극히 사실적으로 묘
사한 것이 특징이다. 원효 스님 진영도 이
런 사실성을 바탕으로 만들어졌을 것이다.

▼ 설총이 비질했을 분황사 마당. 가을이면
어김없이 그때의 낙엽이 떨어진다.

의상 대사,
신라를 불국토로 만들다

上

삼국시대 말에서 통일신라 초로 이어지는 시기에 활동한 스님 가운데 『삼국유사』에서 가장 비중 있게 다룬 분으로 자장慈藏, 590~658, 원효元曉, 617~686, 의상義湘, 625~702 스님을 먼저 꼽을 수 있다. 비록 자장 율사는 신라가 백제를 점령한 660년 직전에 입적하셨지만 활동 연대의 일정 기간이 원효, 의상 스님과 겹쳐 서로 알고 있었을 것이다.

원효와 의상은 물론 서로를 잘 알고 있었다. 뿐만 아니라 두 스님이 함께 당나라 유학을 떠나려고 했던 일화도 유명하다. 『삼국유사』「탑상」편 '전후소장사리' 조에서 인용한 '부석사본비浮石寺本碑'에 의하면 원효와 의상은 650년 당나라 유학길에 올랐으나 고구려에서 통과시켜주지 않아 실패했다. 즉, 육로로 들어가려던 시도가 실패한 것이다. 이후 의상 스님은 661년 마침내 당으로 들어갈 수 있었다고 기록하고 있다. 반면 『삼국유사』「의해」편 '의상전교義湘傳敎' 조에서는 의상이 원효와 함께 유학길에 오른 것은 언제인지 알 수 없으나 그 목적지는 일단 랴오둥遼東이었으며, 고구려에서 첩자로 몰려 수십 일 동안 갇혀 있다 돌아왔다고 했다. 그리고 나서 의상 스님이 결국 당에 들어간 것을 650년 무렵으로 기록하고 있어 '전후소장사리'와 그 시기에 있어 차이가 난다. 또한 당나라 사신의 배가 들어왔다 돌아가는 길에 편승해 당에 들어갔다고 하여 첫 번째와 달리 해로를 택했음을 알 수 있다.

의상이 신라로 돌아온 것은 당나라에 인질 겸 대사로 가 있던 김인문이 당이 곧 신라를 공격할 것을 알아차려 의상 스님에게 이 사실을 급히 본국에 알리라는 부탁을 받고서였다. 그래서 의상이 신라로 돌아온 것이 670년이었으니, 만일 650년에 유학한 사실을 받아들이면 의상은 중국에서 20년 동안 수학한 셈이고, 661년을 인정한다면 9년간 중국에 머무른 셈이다. 그러나 의상이 중국에서 떨친 위엄을 생각해보면 9년은 다소 짧아 보인다.

더구나 650년에 배편으로 당에 들어갔다는 설은 매우 설득력이 있다. 이 배는 당 사신의 배라고 기록되어 있는데, 실제로는 진덕여왕眞德女王, 재위 647~654이 당나라에 파견한 신라 사절의 배였으며, 이 배에 이후 문무왕이 되는 법민法敏이 타고 있었을 가능성이 매우 높다. 의상이 이 배를 타고 당에 들어갔다면 이때부터 문무왕과의 인연이 본격적으로 드러나기 시작하는 셈이다. 왕족인 김인문 등이 왜 의상에게 당나라의 침공 준비 사실을 본국에 전하라고 부탁했을까? 당으로 들어가는 배에서 법민과 의상이 친분을 쌓은 인연으로 서로 알고 지낸 덕분이지 않았을까?

그렇다면 원효 스님이 당으로 유학 가는 길에 해골물을 마신 것은 언제였을까? 첫 번째 시도에서는 의상 스님도 실패하고 신라로 돌아왔기 때문에 원효 스님 혼자 당 유학을 포기했다고 보기는 어렵다. 그러므로 두 번째 유학길도 시작은 원효와 함께 했기에 그런 이야기가 나왔을 것이다. 650년에 원효가 의상과 함께 길을 나서

▲ 〈범어사 의상대사 영정〉, 1767년, 비단에 채색, 124.3×91.3cm, 범어사 성보박물관 소장.

▶ 부석사 조사당에 봉안된 선묘 초상.

▼ 〈화엄종조사회전(華嚴宗祖師繪傳)〉 부분, 1200년대, 두루마리, 30m, 교토 고잔지 소장.
  원효와 의상 스님의 생애와 사상을 그린 〈화엄종조사회전〉 중 의상을 사모해 단월이 된 선묘
  설화 이야기 부분.

경주에서부터 법민 사절단과 같이 움직였다면 초라한 움막에 들어가 해골물을 마실 일은 없었을 것이다. 그러니 두 스님은 신라 사절단이 당으로 들어가는 배편에 부탁을 해보고자 신라 배가 출발하는 당항성黨項城으로 무작정 향한 것으로 볼 수 있다.

원효가 해골물을 마신 곳이 당항성 인근이었다고 하므로 법민 사절단과 만나기 전날이나 전전날쯤 되었을 것이다. 이때 원효가 해골물을 마시고 '일체유심조一切唯心造'를 깨달았다는 유명한 이야기는 『삼국유사』에 전하는 것이 아니고 『송고승전宋高僧傳』이라는 중국 기록에서 찾아볼 수 있다. 그것도 원효의 기록에서가 아니라 의상의 기록을 전하는 '당신라국의상전唐新羅國義湘傳'에 나온다. 원효의 이 유명한 설화가 막상 원효전에 나오지 않고 의상전에 기록된 것은 뭔가 의상과 원효를 극명하게 대비시키는 설화로 활용되었기 때문일 거라는 생각이 든다. 원효가 깨달은 '일체유심조'도 실제 『송고승전』에서는 비슷하긴 하지만 '삼계유심만법유식三界唯心萬法唯識이니 심외무법心外無法이라', 즉 '세상 모든 현상은 오로지 마음먹기에 달린 것이요, 그 현상을 지배하는 원리는 생각이 지어낸 것이니, 마음을 벗어나면 생각도 일어나지 않는다'는 깨달음을 얻었다고 되어 있어 더 구체적이다.

'원효전'에서는 원효가 당나라 삼장법사三藏法師 현장玄奘의 가르침을 흠모해 유학을 결심했다고 했다. 그렇다면 그의 유학 목적은 현장이 창시한 '법상종法相宗', 즉 유식불교唯識佛教를 배우기 위함이었을 것이다. 그에 반해 의상은 당에 들어가 화엄을 배웠으니, 애초부터 두 스님은 같은 길을 가면서도 목적은 화엄과 유식으로 서로 달랐던 것일까? 여하간 원효는 이미 배를 타기 전에 '만법유식이 심외무법'임을 깨달아버렸으니 유식학을 배우러 굳이 유학 갈 이유가 없어진 셈이다. 그런데 그가 깨달은 앞의 구절 '삼계유심'은 『화엄경』'십지품+地品'에 나오는 구절이기도 하다. 따라서 유식을 배우려던 원효는 사실상 화엄과 유식의 종지宗旨를 회통하는 깨달음을 얻은 것이고, 이를 떠나기 전 후배인 의상에게 알려주지 않았을 리 없다.

이 이야기는 의상보다 연배가 위인 원효가 당나라에서 불교를 공부할 필요가 없다고 할 정도로 그릇이 큰 인물이었음을 강조하고 있다. 어쩌면 의상도 원효와 마찬가지로 유식을 배우러 함께 길을 떠났지만 원효의 이 깨달음을 계속 마음에 담아두고 있다가 결국 당에 가서 화엄으로 전공을 바꾼 것인지도 모른다. 현장 법사가 인도 유학을 마치고 당나라로 돌아온 것이 645년이었으니, 650년에 당에 들어간다면 다른 누구보다도 먼저 현장 법사를 염두에 두었을 가능성이 매우 높다. 그러므로 원효가 아니었더라면 의상 스님은 현장 법사의 문하에 들어갔을지도 모를 일이다.

여하간 당항성에 모습을 드러낸 것은 의상 스님 혼자였다. 아마도 왕자에 준하는 귀인이 타는 배에 아무나 태울 수는 없었을 테니 우여곡절이 있었을 것이다. 관리들과 옥신각신하는 스님을 멀리서 본 법민이 승선을 허락하라고 은근히 지시하는 모습이 그려진다. 그리고 바다를 건너가는 동안 법민이 차나 한잔 마시러 오라며 의상을 초대함으로써 전혀 새로운 세계를 꿈꾸던 둘의 인연이 시작되지 않았을까.

▲ 당항성에서 바라본 서해. 원효와 헤어진 의상이 아침에 이곳을 바라봤을 때 저 멀리 신라 사절단의 배가 정박하고 있었을지도 모른다.

▼ 의상 스님이 창건한 많은 사찰 중 가장 먼저 세워지고 가장 널리 알려진 영주 부석사. 그의 화엄사상이 오롯이 녹아 있는 사찰이다.

670년, 의상은 당의 신라 침공 사실을 알려달라는 긴급한 지령을 받고 긴 유학 생활을 급히 마무리하고 귀국했다. 문무왕 법민의 동생 김인문이 특별히 의상에게 메신저의 사명을 부탁한 것은 문무왕이 과거 한 배를 탄 특별한 인연을 가볍게 보지 않고 직·간접적으로 의상을 후원하며 인연의 끈을 놓지 않았기 때문에 가능한 일이었을 것이다. 더불어 유학 생활 동안 선묘善妙라는 여인의 도움도 지대했다.

의상 스님을 사모해 그의 단월檀越(자비심으로 절이나 승려에게 물건을 베푸는 신자)로서 뒷바라지를 하던 소녀 선묘는 의상이 제대로 된 인사도 없이 귀국한 것이 못내 아쉬웠다. 이 일화가 담긴 『송고승전』에서는 의상의 긴급한 귀국의 이유를 설명하지 않았지만 『삼국유사』의 정황상 신라의 국운을 건 정보를 전달해야 하는 상황이었기에 의상은 선묘에게 제대로 인사도 못하고 출항하는 배에 올랐던 것 같다. 선묘는 이것이 아쉬워 결국 용으로 변해 의상을 따라 신라까지 오게 된다.

이렇게 귀국한 의상은 10년 만에 문무왕 법민과 재회했다. 그냥 재회도 아니고 국운이 걸린 첩보를 전달하기 위해서 만난 자리였다. 아마도 법민은 신라로 돌아오면서 당에 남아 있는 외교 사절에게 특별히 의상 스님을 돌봐드리라고 당부했을 수도 있다. 어쩌면 유학 기간에 왕위에 오른 문무왕과 의상 스님 사이에 서신 교환이 있었을 수도 있다. 그렇지 않고서야 급박한 위기의 순간에 김인문이 어떻게 갑자기 의상 스님을 찾아 중차대한 일을 부탁할 수 있었을까?

문무왕과 함께 당에 들어간 인연으로 시작해 메신저 역할까지 해준 의상 스님이 이후 신라 왕실과 얼마만큼 밀접한 연관을 가지고 있었는지는 학자들마다 의견이 분분하다. 문무왕이 삼국을 통일한 후 경주를 둘러싸는 성을 축성하고자 의상에게 자문을 구했을 때 의상 스님이 '정도正道를 행하느니만 못하다'고 상소해 그만두었다는 설화는 의상 스님의 영향력이 막강했음을 의미하는 것으로 해석되기도 한다. 특히 화엄의 '일즉다 다즉일—即多 多即—', 즉 '하나가 곧 모두고, 모두가 곧 하나'라는, 마치 알렉상드르 뒤마Alexandre Dumas의 소설『삼총사Les Trois Mousquetaires』(1844)의 구호 비슷한 구절이 신라의 삼국통일을 이론적으로 뒷받침할 뿐 아니라 왕실을 중심으로 하는 강력한 전제왕권 이미지에도 부합했는데, 사실상 의상 스님이 그 이론적 틀을 제공했다고 보기도 한다.

반대 의견도 있다. 의상 스님이 676년 경주에서 벗어난 외진 태백산 기슭에 부석사를 창건한 것을 두고, 실상 의상은 순수한 수행자였으며 왕권의 후원을 받았다면 그는 경주 시내의 황룡사나 흥륜사에 머물렀을 것이라는 해석이다. 더불어 평범한 수행자로서 처음 창건한 부석사는 지금처럼 거대한 사찰이 아니라 작은 암자 수준이었을 것으로 보기도 한다.

진실은 알 수 없다. 그러나 다양한 해석이 존재하는 이유는 틀림없이 의상 스님이 정치권과 밀접한 연관이 있었으면서도 그가 결코 정치에 개입하지는 않았기 때문일 것이다. 정치권과 두터운 친분이 있었다면 그로부터 얻을 수 있는 것은 모두 얻어냈을 것이기에, 언뜻 그렇지 못한 의상의 행적을 보며 그가 정치 중심세력에서 소외

된 인물이었다고 평가된다.

　한편 다른 시각으로 바라보자. 정치권과 밀접한 관계를 유지했으나 결코 의지하거나 구체적으로 뭔가를 바라지 않은 사람, 나아가 많은 이권을 준다고 해도 거부하고 오로지 순수한 친분만 유지하는 사람. 어려운 유학길을 가능하게 열어주고, 이후에도 고단한 유학 생활에 직·간접적으로 뒷배가 되어준 법민에 대한 순수한 감사의 마음, 그리고 세상을 바꾼 문무왕을 향한 개인적 존경심. 의상은 그 이상도 그 이하도 아니지 않았을까.

의상 대사,
신라를 불국토로 만들다

下

김인문 혹은 김흠순金欽純의 부탁으로 20여 년(짧게는 10년일 수도 있다) 만에 신라로 돌아온 의상 스님에게는 당의 신라 침공 준비 사실을 알려야 하는 긴급한 임무가 있었다. 정말로 신라는 일개 스님이 아니었다면 그러한 당의 대규모 군사 움직임조차 감지하지 못할 정도로 중국의 동태에 어두웠을까? 아니었을 것이다. 아마 김인문이 의상에게 전달했던 내용은 단순한 침략 준비 사실을 넘어서 정확한 침략 날짜나 경로, 책임사령관 등에 관한 구체적인 정보가 아니었을까 추측해본다. 의상 스님의 귀국이 668년 스승 지엄智儼의 입적 때문이라고 보기도 하지만, 만약 이런 긴급한 임무가 아니었더라면 지엄의 후계자는 현수법장賢首法藏이 아니라 의상 스님이었을지도 모른다. 나름대로는 그 지위까지 포기하고 오른 귀국길이었으리라.

그러나 막상 나당 전쟁의 시작을 알리는 중요한 정보를 제공한 의상 스님이었지만, 『삼국유사』에 의하면 당의 침략을 막아내는 데 있어 일등 공신은 문두루비법을 구사한 명랑 법사였다. 여기서도 의문이 든다. 『삼국유사』에서는 의상이 전한 당의 침공 예정 소식에 신라 조정이 우왕좌왕하다 명랑 법사에게 비책을 부탁하는 것으로 되어 있지만, 역사상으로 나당 전쟁은 670년 3월 신라와 고구려 패잔군이 연합해 당을 선제공격함으로써 시작되었다. 만약 의상이 정말로 어떤 정보를 가져왔다면 3월 이전이었을 것이고, 이 선제공격은 그 정보에 의한 것일 수 있다는 얘기가 된다. 즉 갑자기 선제공격을 했다기보다는 분명하게 침공 준비를 하던 당군에 대한 기습타격이던 셈이다.

이렇듯 중요한 임무를 마친 의상은 곧바로 강원도 양양, 현재 낙산사洛山寺가 자리한 낙가산洛迦山에 머물고 계시다는 관음보살을 친견하러 떠났다. '낙가산', 혹은 '낙산'이란 관음보살이 머무는 인도의 포탈라카Potalaka산을 한자음으로 축약해 표현한 것이다. 그곳에서 7일 동안 재계한 후 용왕으로부터 수정염주, 여의보주를 받았고, 다시 7일 후에 관음의 진신眞身을 뵙게 되었는데, 이때 관음의 지시로 대나무가 자란 자리에 금당을 세우니 바로 낙산사이며, 낙산사 홍련암紅蓮庵은 의상 스님이 관음보살을 친견한 바닷가 굴 위에 세워진 법당이다.

한편 이 소식을 듣고 원효 스님도 관음보살을 뵈러 낙산사를 찾았다. 그런데 가는 길에 여인으로 변한 관음이 월수백月水帛(생리대)을 빨던 물을 마시라고 건네자 이를 더럽다고 엎질러버렸는데 그러자 파랑새 한 마리가 "제호醍醐(일종의 감로수)를 거절한 승려여!" 하고 날아가버렸다는 것이다. 이는 원효가 관음의 시험을 통과하지 못했음을 의미한다. 이를 통해 의상이 원효보다 한 등급 높은 스님이었음을 은연중에 강조하고 있다. 의상 스님은 비록 열심히 목욕재계하셨다고는 하지만 아무런 테스트도 거치지 않고 관음보살을 만난 반면 원효 스님은 누구라도 통과하지 못할 테스트, 즉 아낙이

건넨 생리대 빤 물을 마시지 않았다는 이유로 관음보살이 만나주길 거부했으니 다소 불공평하다는 생각이 든다.

이는 앞서 살펴본 자장 율사도 마찬가지다. 자장 율사는 그토록 문수보살을 뵙고 싶어 했으나 문수보살은 중국 산시성 오대산에서부터 강원도 오대산에 이르기까지 약속 장소를 여기저기로 옮겨 가며 바람만 맞히고는 결국 걸인의 모습으로 나타나 이를 못 알아본 자장을 비웃으며 떠나버린다. 자장 율사가 이 걸인에게 못된 일을 한 것도 아니고 그저 알아보지 못했다는 이유로 끝내 자장의 신앙을 짝사랑으로 만들어버린 문수보살님도 너무하신 것 아닌가 싶다. 이렇듯 자장, 원효, 의상 스님은 신라 통일기를 즈음해 한국 불교의 기초를 닦은 분들이자 모두 문수와 관음 같은 성현을 친견하고자 했지만, 결국 성공한 분은 의상 스님뿐이다. 나아가 자장 율사는 그렇다 치더라도 원효 스님은 다소 뜬금없이 이 보살 친견 경연대회에 억지로 끌려 나온 느낌마저 든다.

어쩌면 자장 율사, 원효 스님도 나름대로는 문수보살이나 관음보살을 친견하거나 꼭 그렇지 않더라도 성현을 친견한 어떤 설화가 있었을지 모르겠다. 그러나 워낙 쟁쟁했던 의상 스님 제자들에 의해 이러한 설화들은 각색되고 결국 의상 스님이 최후의 승자가 되도록 강력한 영향력을 발휘한 것은 아닐까. 여하간 이처럼 신라 안에서 불교의 성현인 보살을 친견한다는 개념은 이 땅이 바로 불국토임을 대변하는 것이다. 인도에 머물고 계셔야 할 보살들이 신라 땅에도 머문다는 아이디어가 이 땅을 인도와 다름없는 성지로 만들어버린 것이다. 그중에서 가장 성공한 경우가 바로 의상 스님인 셈이다. 불국토의 믿음은 낙산사에만 머문 것이 아니라 사방으로 퍼져나간 것으로 보이는데, 포탈라카산의 음역이 '낙산'이라면 그 뜻을 한자로는 '백화산白華山'이라고 풀었기 때문에 우리나라 여러 곳에 존재하는 백화산은 말하자면 모두 관음보살의 거주처로 믿어진 흔적을 반영한다고 하겠다.

의상 스님은 포탈라카산만 신라로 옮겨온 것이 아니다. 676년에 의상 스님이 세운 부석사는 사실상 석가모니가 보리수 아래에서 깨달음을 얻은 인도 부다가야의 마하보디Mahabodhi 사원을 옮겨왔다고 볼 수 있다. 서쪽에서 동쪽을 향해 돌아앉은 편단우견偏袒右肩 차림새의 항마촉지인降魔觸地印 불좌상은 바로 석가 성도지 부다가야를 상징하는 모습이다. 물론 현재 부석사 무량수전에 봉안된 소조불좌상은 고려시대에 만들어진 것으로 추정되지만, '편단우견 항마촉지인'이라는 기본 콘셉트는 의상 스님이 부석사를 창건할 때 의도했던 형상이라는 데 대부분의 학자들은 동의하고 있다.

원래 의상 스님이 현재 부석사 자리에 절을 세우고자 했을 때 이교도가 먼저 이 자리를 차지하고 있어 절을 세울 수 없었다. 이때 당나라에서부터 의상 스님을 모시던 단월 선묘가 용으로 변해 거대한 바위를 공중에 띄워 그 자리에 거주하던 이교도를 겁주어 쫓아냈다는 설화가 『송고승전』에 전한다. 그렇게 보면 낙산사에서 관음보살을 친견할 때도 용의 도움을 받았고, 부석사 창건에도 용의 도움을 받았으니 의상 스님은 용과 밀접한 연관이 있으셨던 것 같다. 의상 스님이 스스로 신통력을 부렸다는 기록은 없지만 이렇

의상 스님이 신라로 돌아온 해인
670년에 찾아간 관음보살의 거주처 양양 낙산사.
고려 불화 수월관음도의 배경인
기암괴석 바닷가와 닮은 지형이 인상적이다.

게 매번 용이 기적을 일으키며 돕는 것도 매우 독특한 면이다.

더불어 부석사 조사당 앞에는 선비화禪扉花라는 꽃나무가 심겨 있는데, 이중환李重煥의 『택리지擇里志』(1751)에 의하면 이 나무는 의상 스님이 유학을 떠나기 전 이곳에 꽂아둔 스님의 지팡이에서 뿌리가 생기고 잎이 돋아 나무로 자라난 것이라 한다. 의상은 "이 나무가 죽지 않으면 나도 죽지 않은 것이다"라고 하며 기다리는 사람들에게 위로를 남기고 떠나신 것 같은데, 이제 스님이 입적하신지 오래인 지금도 이 나무는 푸른 잎을 돋워서 마치 의상 스님의 가르침이 세상에 살아 있음을 웅변하는 듯하다.

이러한 용의 협조, 부석이라는 거대한 돌의 등장, 신비한 나무와 유학길의 설화는 어떤 면에서 석가모니께서 수행하신 금강보좌와 이 금강보좌에서 석가모니 부처님을 온몸으로 감싸 보호한 용왕 무찰린다, 그리고 금강보좌 위에 드리워진 보리수 등을 연상케 해 결국 부다가야를 떠올리게 한다. 부다가야야말로 부처님이 깨달음을 얻으신 곳으로 화엄경의 바탕이 되었던 성지가 아닌가. 거기다 편단우견의 항마촉지인상이라니 그야말로 의상 스님은 인도의 부다가야를 이곳 신라에 옮겨오고자 하셨던 것이다.

일연 스님도 그 의도를 분명히 꿰뚫어 보았다. 일연 스님은 『삼국유사』에서 의상 스님의 행적을 찬하여 다음과 같이 읊었다.

숲길 헤치고 바다 건너 흙먼지를 지나니披榛跨海冒煙塵
지상사의 문이 열려 이 보배를 맞이했네至相門開接瑞珍
화엄을 통째로 캐어다가 우리땅에 심으니采采雜花我故國

종남산과 태백산이 일시에 봄을 맞이했네終南太伯一般春

　첫 행은 의상 스님의 당나라 유학길이 얼마나 힘든 길이었는지
를 말하는 것이다. 둘째 행에 등장하는 '지상사至相寺'는 의상 스님
이 찾았던 종남산의 지엄 법사가 머물던 사찰이니, 지엄 법사가 의
상을 제자로 기꺼이 받아들였음을 읊은 것이다. 주목할 것은 세 번
째 행인데, 여기서의 '잡화雜花'는 아마도 의상 스님이 전한 '화엄'을
뜻하는 것이리라. 그 화엄을 '채채采采', 즉 '캐다'의 반복이니 '통째로
캐다' 정도로 번역하면 어떨까? 그렇게 인도와 중국의 성지를 마치
캐어오듯이 신라로 옮겨왔다는 뜻이다. 앞서 살펴본 관음 성지 포
탈라카산을 낙산에 옮겨오고, 석가 성도지 부다가야를 부석사에
옮겨온 개념을 말하는 것이다. 바로 이 행에 의상 스님이 신라를 불
국토로 만들었음을 한마디로 축약하고 있다. 그리고 네 번째 행은
중국의 종남산과 부석사가 있는 태백산이 하나로 연결되었음을 의
미하는 것인데, 아마도 더 나아가 인도의 성지와도 동기화되었음을
찬탄한 것으로 풀이된다.
　의상 스님은 이렇게 인도의 성지를 중국을 통해 캐어옴으로써
우리 땅에 보다 다양한 콘텐츠를 지닌 불교미술이 만들어질 수 있
는 기반을 닦았다. 너무나 많지만 대표적으로는 의상 스님이 낙산
사에서 관음보살을 친견한 것을 소재로 그려진 고려시대 수월관음
도水月觀音圖와 조선시대 법당 뒷벽의 백의관음도白衣觀音圖 벽화, 그리
고 부다가야를 상징하는 편단우견 촉지인불좌상의 계보를 이은 우
리나라 최고의 불상인 석굴암 본존불상에 이르기까지 의상 스님

▲ 부석사란 이름의 원인이 된 부석. 공중에 한번 떴다가 내려온 듯한 느낌을 준다. 부다가야에 금
  강보좌가 있다면 부석사에는 부석이 있다.

▼ 〈부석사 무량수전의 소조아미타여래좌상〉, 국보 제45호.
  석가 성도지 부다가야를 상징하는 편단우견 항마촉지인의 불좌상이며, 부다가야에서처럼 동
  쪽을 향해 정좌한 부처님이다.

▶ 의상 스님의 지팡이가 자라 나무가 되었다는 선비화. 부석사의 보리수라 할 수 있는 이 나무를
  퇴계 이황은 "지팡이 꼭대기에 조계수가 흐르는가, 천지간의 비와 이슬 없이도 자랐네"라고 칭
  송했다.

의 숨결이 미치지 않은 곳이 없는 듯하다.

설령 의상 스님이 아니었더라도 우리나라에 불교미술은 존재했을 것이다. 그러나 의상 스님이 아니었다면 이들 불교미술에 흐르는 피가 이렇게 뜨겁지는 않았을 것이다.

진정 스님과 비로사

의상 스님의 후계자

『삼국유사』의 마지막 장 「효선孝善」편 첫 이야기는 의상 대사의 제자 진정眞定 스님이 주인공이다. 아니, 그의 어머니가 주인공이라 해도 과언이 아니다. 제목 '진정사효선쌍미眞定師孝善雙美'는 '진정 스님의 효도와 선행이 모두 아름답다' 정도로 해석된다. 우선 내용을 살펴보자.

진정의 집은 찢어지게 가난했다. 진정은 군복무를 하면서 틈틈이 품을 팔아 간신히 노모를 봉양하며 집안을 건사하고 있었다. 그런데 어느 날 노모가 혼자 집에 있을 때 한 스님이 집 앞에 와 철물을 시주해달라고 권해 노모는 집에 있던 다리가 부러진 솥을 시주했다. 그나마 재산이라고는 그것밖에 없었는데 그마저 주어버린 것이다. 지금이야 다리 하나 없는 솥은 처치 곤란한 폐기물이지만, 당시에는 금속이 귀했기에 팔면 조금이라도 살림에 도움이 되었을 것이다. 여하간 불심이 깊은 어머니였음을 암시하는 부분이다. 진정이 집에 돌아오니 노모는 막상 자신이 아들 의견도 안 묻고 시주한 것이 염려되어 상황을 털어놓았다. 이 또한 노모의 마음 씀씀이를 짐작할 수 있는 부분이다. 진정은 당연히 찬성하며 어머니의 행동을 적극 지지했다. 그러고는 무쇠솥 대신 옹기그릇에 밥을 지어 먹었다.

이 글에서는 진정이 언제 어머니에게 출가를 결심했다고 말씀드렸는지는 정확히 나오지 않고 그저 뒤에 이어서 나올 뿐이지만, 아마도 무쇠솥 시주가 있고 나서 품팔이한 돈으로 산 쌀을 옹기그릇에 넣고 밥을 지어먹으면서 말씀드린 게 아닌가도 생각된다. 왜냐하면 평소 출가를 마음에 두고 있던 진정으로서도 어머니가 어떻게 받아들일지 염려되었을 텐데, 어머니가 재산이라고 가지고 있던 솥마저 절에 시주하자 어머니의 불심이 깊다는 것을 알고 숨겨둔 마음을 용기 내어 말씀드렸을 것으로 자연스레 연결되기 때문이다.

진정은 홀어머니를 두고 바로 출가하겠다는 것이 아니라 효도를 마친 뒤에, 즉 어머니가 돌아가시거나 혹은 혼자 살 만큼 충분한 준비가 되면 출가하겠다고 분명히 했지만, 어머니는 자신이 걸림돌이 되어 출가가 늦어지면 그 또한 불효라고 하면서 아들의 등을 떠밀었다. 심지어 남아 있는 쌀을 모두 털어 주먹밥 일곱 개를 만들어 하나는 그 자리에서 먹고, 나머지는 싸가지고 가면서 여정 중에 먹으라고 했다. 어머니의 마음과 정성에 가슴이 매어지지 않을 수 없다.

결국 진정은 그 길로 의상 대사를 찾아 태백산으로 향했고 사흘 만에 도착해 제자가 되었다. 아마도 부석사였을 것이다. 주먹밥 여섯 개를 아껴 먹으며 사흘 동안 빠듯이 배를 채웠으리라. 3년 뒤 그의 어머니가 세상을 떠났다. 어머니는 아들을 떠밀어 보내면서 "남의 집에 걸식을 해서라도 목숨은 부지할 수 있다"고 했는데, 정말로 결코 짧다고 할 수 없는 3년 동안 홀로 건사했으니 생활력도 강했던 것 같다. 여하간 진정 스님은 그 소식을 어떻게 듣고는 7일

▲ 〈영주 비로사 석조아미타여래좌상〉,
9세기, 높이 1.13m, 비로사 소장,
보물 제996호.

▶ 〈영주 비로사 석조비로자나불좌상〉,
9세기, 높이 1.17m, 비로사 소장,
보물 제996호.

▼ 〈영주 영전사 석조여래입상〉, 9세기 후반,
불상 높이 1.53m, 영전사 소장.

간 가부좌를 틀고 선정에 들었다. 커다란 슬픔을 그저 참선으로 삼키고 마음을 진정시키려 했던 것이다. 그리고 나서 일어나 의상 대사에게 이를 말씀드렸다.

이 글에서는 의상 대사께서 어떻게 진정 스님을 위로했는지, 혹은 왜 빨리 말하지 않았냐고 나무랐는지 등은 전혀 알 수 없다. 그러나 그럴 필요도 없다. 의상 대사는 제자 삼천 명과 함께 추동錐洞이란 곳으로 가 초막을 짓고 제자의 돌아가신 어머니를 위해 90일간『화엄대전華嚴大典』을 강講했다고 한다. 제자의 훌륭한 어머니에게 바치는 최대의 예우였을 것이다. 무려 삼천 제자를 모아 함께 극락왕생을 바라는 마음으로 90일에 걸쳐 화엄설법회를 연 것이다. 설법회가 끝나자 어머니는 진정 스님의 꿈에 나타나 자신은 이미 하늘에 환생했노라고 알려주었다.

어머니와 진정 스님이 살던 곳을 구체적으로 밝히지 않았지만, 의상 대사께서 진정 스님의 어머니를 추모하기 위해 찾은 곳이 소백산 '추동'이라고 하는 것으로 보아 '추동'이 곧 어머니가 살던 곳일 가능성이 높다. 그리고 현재 영주시 풍기읍 비로사毗盧寺가 바로이 화엄법회의 무대였다고 하니, 이 근처 어딘가에 진정 스님과 그의 어머니가 살던 곳이 있었을 것이다.

현재 비로사에는 두 구의 석불좌상이 전하는데, 한 구는 선정인善定印의 아미타불이고, 한 구는 지권인智拳印을 결한 비로자나불이다. 이 두 불상은 양식적으로 동일한데 수인만 다르기 때문에 함께 조성된 것이 분명하다. 이 두 석조불상은 특히 화강암으로 조성한 불상임에도 매우 정교하게 조각되었다는 특징을 지닌다. 예를 들어 두 불상의 수인인 선정인과 지권인은 모두 조각하기 까다로운 손가락 모양을 하고 있는데, 마치 일부러 이 두 수인을 골라서 조각 솜씨를 뽐낸 것처럼 보일 정도다. 아미타불의 선정인은 우리나라에서는 드물게 조성된 편인데, 특히 손가락을 구부려 맞대어 동그란 법륜으로 만드는 것은 단단한 화강암을 다루는 섬세한 기술이 필요해 다른 석조불상에서는 찾아보기 어렵다. 그런데 비로사 아미타불좌상은 그 손가락을 마치 금동불상이나 목조불상처럼 보일 정도로 정교하게 다듬었다.

물론 이들 두 불상은 의상 스님이나 진정 스님 시대의 작품은 아니고 대략 9세기 무렵에 조성된 것으로 추정된다. 그러나 한 가지 염두에 두어야 할 것은 이처럼 불상 두 구가 한 조로 조성된 것은 특정한 불교 사상을 바탕에 둔 것으로 보인다는 점이다. 즉, 사찰에 석가모니불이나 아미타불이 한 분만 계시다면 그것만으로는 사찰의 사상적 배경을 추정하기 어렵다. 그러나 이처럼 두 구가 조성되면 그 조합을 통해 사상적 배경을 어느 정도 추론해볼 수 있다. 예를 들어 감산사甘山寺 석조아미타불과 미륵보살입상이 조합을 통해 유식불교에 바탕을 둔 법상종 계통의 사찰에서는 이처럼 아미타불과 미륵보살 조합을 선호했다고 추정할 수 있다. 미륵보살은 유식불교를 창시한 아상가와 바수반두 두 형제 스님에게 가르침을 전한 보살로 전해지기 때문에 유식불교에서 미륵보살은 중요한 위상을 지닌다. 비슷한 사례로 진표眞表 스님이 창건한 금산사金山寺와 직접 창건한 것은 아니지만 창건에 깊이 관여한 법주사法住寺의 경우는 미륵과 삼신불, 혹은 오불 같은 다불 도상이 조합을 이루는

데, 이는 같은 법상종 중에서도 진표 스님 계열의 법상종에서 특화된 봉안방식으로 파악된다. 특히 감산사 같은 경주 중심의 법상종에서는 미륵을 '미륵보살'로 봉안한 반면, 지방의 진표계 법상종에서는 '미륵불'로 봉안한 것도 차이점이라 하겠다.

그렇다면 아미타불과 비로자나불의 조합은 어떤 사상에 바탕하는 것일까? 우선 의상 대사가 창건한 부석사를 살펴보면 현재는 무량수전 안에 소조불상 한 구만 봉안되어 있지만, 원래는 전각이 두 개 있어서 하나에는 아미타불, 다른 하나에는 석가모니불을 모셨다고 추정된다. 의상 스님의 제자 진정 스님과 연관이 있는 사찰이니만큼 그러한 전통을 계승했을 것으로 생각되는데, 다만 아미타불과 석가모니불의 조합 전통을 아미타불과 비로자나불의 조합으로 발전시킨 것이 아닌가 생각된다. 의상 스님 당시만 해도 화엄경의 주존主尊은 막 깨달음을 얻으신 석가모니불이었지만, 사상이 점차 정교하게 발전하면서 화엄의 주존은 석가모니 부처님을 부처님이게끔 만든 불성인 법신法身, 즉 비로자나불로 인식되어 항마촉지인을 결한 석가모니불 대신 지권인을 결한 비로자나불로 확대 변화되었을 것으로 추정해볼 수 있다.

흥미로운 점은 비로사와 동일한 창건 설화를 가진 사찰이 풍기 영전사靈田寺에도 전해온다. 그런데 지금의 영전사는 소백산에서 남쪽으로 내려와 풍기 읍내에 있지만, 원래는 소백산 비로사 올라가는 계곡에 위치한 욱금동郁錦洞이라는 곳에 있었다. 말하자면 비로사나 영전사나 모두 의상 스님이 삼천 제자를 데리고 들어와 추모 법회를 열었던 초막이 위치한 자리였을 것이므로 두 절의 전승이 모두 진정성을 지닌다고 볼 수 있다.

　그런데 영전사에는 원래 영전사터에서 발견되어 옮겨온 석조여래입상이 한 구 전해진다. 그 수인으로만 보아서는 존명을 확인할 수 없지만, 대체적으로 고려 불화에 자주 보이는 죽은 영혼을 극락세계로 데려가기 위해 마중 나온 아미타불 도상과 유사하다. 그런 의미에서 본다면 『삼국유사』 '진정사효선쌍미' 끝에서 화엄법회가 끝난 후 진정 스님의 어머니가 꿈에 나타나 "나는 하늘에 환생했다"고 알려주었는데, 아마도 이렇게 환생할 수 있도록 극락에서 마중 나온 아미타불의 모습을 표현한 것으로 볼 수 있다. 조성 연대는 풍기 비로사의 두 부처님과 유사해 보이는데, 손의 정교한 움직임을 자연스럽게 표현하고자 신경 쓴 것 또한 유사하다.

　과연 '효선쌍미'에서 무엇이 '효'이고 무엇이 '선'일까? 사실상 핵심은 아들이 의상 스님의 제자가 되어 큰길로 나아갈 수 있도록 도운 노모의 자식 사랑이 이 글의 주제인 것 같다. 그럼에도 굳이 진정 스님의 입장에서 보자면, 일연 스님은 출가 전에 막일하며 노모를 봉양한 것을 '효', 출가 후에 간접적으로 의상 큰스님을 움직여 추모법회가 열리도록 하여 어머니가 극락에 왕생하도록 한 것을 '선'으로 본 것이 아닐까. 더불어 어머니 잃은 슬픔을 선禪으로 달랬으니, 이 또한 불교의 시각에서는 선善한, 즉 잘한 일이었다 하겠다.

전후소장사리,
우리나라 진신사리의
근원을 찾다

『삼국유사』「탑상」편 중에서 '전후소장사리' 조는 매우 길고 내용도 복잡하다. 더구나 번역서에서는 제목을 보통 쉽게 한글로 풀어쓰지만, 이 기사만큼은 제목 자체가 어려움에도 '전후소장사리'라는 한자 제목을 그대로 쓰는 경우가 많다.

우선 제목부터 풀어보면 '앞서 그리고 그 다음에 소장된 사리' 정도로 볼 수 있다. 그러나 한편으로는 이렇게 풀이될 것이라면 '전前' 대신 '선先'이 더 적합한 표현이 아니었을까 생각도 든다. 한편 '전후'라는 한자는 '앞뒤'라는 뜻과 함께 '전후 사정'이라고 하듯 어떤 일의 인과관계나 시말, 즉 내력이나 정황을 뜻하기도 한다. 그렇게 보면 '전후소장사리'는 우리나라에 진신사리, 즉 석가모니의 사리로서 전해지고 있는 사리의 소장 경위와 그 이력을 정리했다는 뜻으로 보아도 큰 문제는 없을 듯하다.

그렇다면 어떤 사리가 진신사리로 인정되었을까? 가장 대표적인 진신사리 계보는 자장 율사가 중국 오대산의 문수보살에게서 직접 받아온 사리다. '전후소장사리'에서는 두골사리, 어금니, 그 외 100과의 사리라고 했으니 그 양이 엄청나다. 자장 율사는 이 사리를 각각 황룡사, 통도사, 태화사에 봉안했다. 그러나 이 세 사찰은 자장 율사가 공식적으로 봉안한 곳이고, 비공식적으로는 여분의

▲ 〈양주 회암사지 사리탑〉, 경기도 유형문화재 제52호.
세조 연간에 회암사에 진신사리를 봉안하는 동안 사리 분신이 일어나 수백 과로 늘어났다고
한다.

▼ 〈고성 건봉사 능파교〉, 보물 제1336호.
사명 대사가 통도사의 진신사리를 왜군에게서 되찾아와 건봉사에 봉안했다고 한다. 그래서 건
봉사에도 적멸보궁이 있다.

사리를 더 남겨두었다가 뜻깊은 곳에 절을 세워 그곳에 추가적으로 봉안했다. 그 대표적인 예가 오대산 중대 적멸보궁, 정선 정암사 등인데, 이곳은 모두 자장 율사가 수행하던 곳이다.

'전후소장사리'에 의하면 진신사리를 모신 황룡사 9층 목탑이 953년에 화재를 당했는데, 이때 통도사의 진신사리탑 동쪽에 큰 반점이 생겼다고 한다. 즉 이들 사리는 나누어 봉안했더라도 하나의 몸처럼 서로 연동되어 있어 황룡사 목탑에 화재가 나자 마치 통도사 사리탑도 불이 붙은 것처럼 동쪽이 불에 그슬려서 반점이 생겼다는 것이다. 아마도 황룡사 목탑의 동쪽에 불이 붙었기 때문에 통도사 사리탑도 똑같이 동쪽이 그슬렸다는 이야기인 듯하다.

더불어 고려시대 언젠가 관리들이 통도사에 와서 사리탑의 솥처럼 생긴 덮개돌을 열어 진신사리를 보고자 했는데, 어떤 이는 그 안에 큰 구렁이가 있는 것을 보았고, 또 어떤 이는 큰 두꺼비를 보았을 뿐 사리는 보지 못했던 것 같다. 인도나 중앙아시아에서는 진신사리를 중요한 때 탑에서 꺼내 도시나 마을을 돌며 사람들에게 보이고 공양을 받는 의식이 있었고, 중국에서도 필요에 따라 사리를 탑에서 꺼내 황실에서 친견하고 법회를 열고는 했다. 그러나 통도사 사리탑의 경우는 비공식적으로 호기심 많은 관리들이 열어보았을 뿐 그러한 행위가 부정한 것으로 간주되었던지 사리 대신 구렁이나 두꺼비만 보았다는 뜻으로 보인다.

일연 스님이 접한 보다 정확한 기록은 1235년에 김이생金利生과 유석庾碩이라는 인물이 진신사리 친견을 위하여 덮개돌을 열어보고자 통도사 스님들께 청하니 스님들이 난처해하면서 마지못해 열도록 해주었다는 내용이다. 그런데 이번에는 실제로 석함 안의 유리병 안에 사리 네 과가 들어 있었다고 했다. 다만 이 유리병에 금이 가 있어서 유석이 마침 가지고 있던 수정통에 사리를 옮겨 담아 다시 원위치 시켰다는 내용이다. 미술사학자의 입장에서 보면 이는 참으로 통탄할 일이다. 신라시대 유물을 고려시대 유물로 바꿔치기한 셈이니 안타까운 일이 아닐 수 없다.

여하간 상식적으로는 자장 율사가 사리 일백여 과를 가지고 오셨고 이를 세 등분해 봉안했기 때문에 대략 삼십여 과 정도는 있어야 할 것 같다. 그럼에도 겨우 네 과만 있는 것을 두고 일연 스님은 사리가 때로는 신비로운 힘에 의해 합쳐지기도 하고 나뉘기도 하므로 이는 전혀 이상한 일이 아니라는 설명을 덧붙였다. 실제 원나라에서도 통도사 진신사리를 친견하려고 사람들이 몰려왔는데, 그중 사리탑을 열어본 사람들에 의하면 진신사리 이외에 '변신사리變身舍利'도 있어서 이것이 모래알처럼 부서져 때로는 사리탑 바깥으로까지 향을 풍기며 흘러나왔다고 한다.

일연 스님께서 언급한 '변신사리'란 무엇일까? 진신사리에 대응하는 어떤 개념일 것 같은데 아마도 진신사리가 모습을 변화하며 나툰 분신사리를 지칭하는 것이 아니었을까? 이런 일은 종종 일어나 예를 들어 조선 세조世祖, 재위 1455~1468 연간에는 양주 회암사檜巖寺에 진신사리를 봉안하는 과정에서 이것이 분신하여 팔백여 과로 되었다가 추가적으로 또 분신하여 사백여 과가 더 생겨 이중 일부를 원각사탑에 모셨다는 기록이 있다.

두 번째로 일연 스님이 소개한 사리는 신라 문성왕文聖王, 재위

839~857 대인 851년 당에 다녀온 원홍元弘이 들여온 어금니사리와 고려 예종睿宗, 재위 1105~1122 대인 1119년에 북송에 다녀온 정극영鄭克永, 이지미李之美 등이 모셔온 어금니사리다. 이 가운데 원홍이 들여온 사리는 일연 스님 당시에는 소재를 알 수 없었고, 정극영 등이 가져온 사리는 왕실 내전에 보관되어 있었다고 했다. 이어 이 어금니사리의 내력이 상세하게 기술된다.

이 어금니사리의 연원은 신라 의상 스님에게까지 거슬러 올라간다. 의상 스님이 당나라 지상사 지엄 스님 문하에서 배우고 있을 때 인근에 도선 율사가 머물며 때때로 천신들에게서 공양을 받았다. 한번은 의상도 초대를 받아 갔는데, 그날은 천신들이 내려오지 않아 도선 율사의 체면이 조금 깎인 모양이다. 의상 스님이 가고 다음 날 다시 천신이 내려왔을 때 까닭을 물으니 천신들이 말하길 의상 스님을 호위하는 신병이 많아 감히 들어오질 못했다는 것이다. 이 이야기를 듣고 사람들은 눈에 보이지는 않지만 의상 스님 주변에 호위신중이 있다는 것을 알게 되었다고 한다. 현재 부석사 조사당에 의상 스님의 초상 조각상과 함께 사천왕과 범·제석천이 벽화로 그려져 있는 것은 아마도 의상 스님을 호위신중이 지켜드리고 있다는 이러한 설화와 연관이 있을 것이다.

여하간 이 이야기를 전해들은 의상 스님은 도선 율사에게 부탁하길 제석천의 천궁에는 부처님의 치아사리가 있으니 천신들을 통해 이를 인간세계로 내려보내달라 청해보라고 했다. 이에 제석천은 어금니사리를 7일을 기한으로 빌려주었으며, 이를 당나라 궁궐에 모시게 되었다고 한다.

▲ 양산 통도사 적멸보궁은 진신사리를 모신 금강계단이 불상을 대신하므로 적멸보궁
안에는 불상을 모시지 않았다. 진신사리는 부처 그 자체이기 때문이다.

▼ 〈석가모니 진신사리〉, 뉴델리 국립박물관 소장.
석가모니의 고향에 세워진 피프라흐와 대탑에서 발견된 사리다. 피프라흐와 대탑은
석가모니 열반 후 바로 세워진 근본8탑 중 하나로 생각되기에 이 사리야말로 진신사
리라고 강력히 추정되고 있다.

바로 이 어금니사리가 고려 예종 때 송에서 들여온 사리다. 당시 북송 황제 휘종徽宗, 재위 1100~1125이 불교를 멀리하고 도교를 가까이 하면서 궐내 어금니사리를 배에 띄워 멀리 떠나보내려 하자 이를 알아차린 고려 사신들이 중간에 빼돌린 것이다. 원래 의상 스님이 아이디어를 내어 지상에 내려온 데다 중국에서는 버리려고 한 사리이니 어쩌면 인연을 따라 우리나라에 들어왔다고 볼 수 있겠다.

그런데 이 사리가 몽골 침입으로 인한 전란 중 강화도로 천도하는 과정에서 사라져버렸다. 사리가 사라진 사실도 천도 후 4년이 지난 1236년에 왕실 원당願堂 승려 온광縕光이 친견하고자 했으나 찾을 수 없으면서 비로소 알려졌다. 이에 본격적으로 탐문수사가 진행되어 관리 책임자들이 줄줄이 불려가 심문을 당하고 점차 포위망이 좁혀들자 결국 훔쳐갔던 누군가가 이를 궁궐 안에 던져두고 도망갔다. 잃어버렸던 어금니사리는 이렇게 되찾았다.

당시 고려 고종高宗, 재위 1213~1259은 이 어금니사리가 제석천으로부터 7일 기한으로 빌려온 것이므로 결국 기한이 다 차서 스스로 하늘로 돌아간 것이 아닐까 하는 생각까지 했다고 한다. 이에 대해 일연 스님은 실제로 날짜를 계산해보았다. 하늘에서의 하루는 인간세계의 100년에 해당한다는 전제로 7일의 기한이면 700년 동안 지상에 있을 수 있다는 이론을 제시했다. 결국 의상 스님이 당에 들어간 해를 661년으로 잡고, 이 사리가 사라진 해를 천도하던 1232년 무렵으로 잡아보면 결국 571년 정도 지났다는 결론이 된다(그런데 '전후소장사리'는 693년이 지났다고 계산했는데 아마도 전해지는 과정에서 잘못이 있었던 것 같다). 그러므로 지상에 머물 수 있는 시간이 100여 년 넘게 더 남아 있다고 지적한 것이다.

『삼국유사』가 쓰였을 무렵에는 여기까지가 우리나라 진신사리의 전후 사정이었지만, 우리는 그 이후의 이야기도 조금 알고 있다. 고려 말 공민왕恭愍王, 재위 1351~1374 시기에는 왜구의 침입을 피해 통도사 진신사리가 속리산 법주사로 옮겨와 있었다고 한다. 그러다 조선이 건국할 무렵 다시 개성 송림사松林寺로 옮겨졌으며, 이를 다시 태조太祖, 재위 1392~1398 이성계가 한양으로 모셔갔다 한다. 이렇게 옮겨 다니는 중에 통도사 진신사리는 여러 곳에서 분신을 한 모양이다. 태종太宗, 재위 1400~1418이 조선의 영험한 진신사리를 수집했을 때, 경상도에 164과, 전라도에 155과, 강원도에 90과, 충청도에 45과 등 총 254과였고, 이성계가 개인적으로 가지고 있던 진신사리가 300여 과였다고 하니 이중의 상당수는 통도사에서 연원했을 것이다.

그러나 애석하게도 이들 사리 중 상당수는 조선 초에 명나라 사신 황엄黃儼이 와서 싹쓸이 하다시피 중국으로 가져가버렸다. 그중에는 이성계가 어렵게 구해 흥천사興天寺에 봉안한 진신사리도 있었다. 그나마 다행히 이런 난리 중에도 통도사에 봉안되었던 핵심적인 사리는 지켜진 것 같다. 세조 연간에는 어렵게 구한 진신사리를 봉안하는 가운데 분신이 이루어져 무려 팔백 과, 그리고 다음날 사백 과를 얻었다고 하니 아마도 중국이 빼앗아간 사리의 빈자리를 채우고 싶은 열망, 나아가 그것을 지키지 못한 반성이 무척이나 강했기 때문에 일어난 일이었으리라.

그러다 다시금 임진왜란 때 통도사 사리 일부를 일본이 훔쳐가는 사건이 발생했고, 나머지는 사명四溟 대사가 안전하게 건봉사乾鳳寺, 보현사普賢寺 등지로 피난시키는 등 우여곡절이 많았다. 다행히 종전 후 사명 대사가 일본에 담판하러 가면서 약탈당했던 사리도 되찾아 다시 통도사에 봉안했다. 건봉사와 보현사에도 일부 사리를 남겨 계속 봉안했다고 하니 모두 통도사에서 기원한 것이다.

우리나라에 전통적으로 진신사리를 봉안했다고 여겨지는 사찰들은 대부분 이렇듯 통도사에 그 연원을 두고 있다. 또한 더하여 진흥왕 때 양나라에서 가져온 사리도 있고, 고구려와 백제에도 진신사리가 전래되었을 것이므로, 그러한 진신사리가 분신 혹은 변신하여 전국 각지의 탑에 봉안된 것이다. 세조 때 회암사 기록처럼 분신한 사리가 다시 분신하는 일이 있었다는 것은 분신사리 역시 진신사리와 같은 힘을 가졌다고 믿었음을 보여준다.

'전후소장사리'는 결국 진신사리의 진정성이란 그것을 전래한 사람의 인품에 대한 믿음, 그 사리의 연원에 대한 역사성, 그리고 그것을 지켜내려고 했던 사람들의 노력이 빚어낸 결과라는 것을 말해준다. 찬한다.

서축에서 일어난 진신사리 바람은
동이東夷로 휘몰아쳐 동축東竺으로 바꾸었네
우리의 진신사리 허황하다 하지 말라
외세가 넘보았던 그 역사가 말해주네

어산불영,
만어산에 드리워진
부처님의 그림자

『삼국유사』「탑상」 편은 말 그대로 탑이나 불상 같은 인위적인 조형물에 대한 기록이지만 드물게 '어산불영魚山佛影', '대산오만진신' 기사는 자연에 대한 기록이다. 또한 「탑상」 편에 실린 기사가 대부분 신라, 고구려, 백제에 관한 것이지만, '파사석탑婆娑石塔'과 더불어 '어산불영'은 가야에 얽힌 이야기다.

어산魚山, 즉 '물고기 산'이란 현재 밀양 삼랑진읍 만어산萬魚山을 말하는데, 이곳 만어사萬魚寺에는 절경이 펼쳐져 있다. 크고 작은 엄청난 양의 바위덩어리가 산 위에서 만어사 아래로 마치 강물이 흐르듯 쏟아져 내리는 것처럼 보여서 '돌강'이라고도 하는데, 물고기 떼가 강물에서 뛰어오르는 것처럼 보인다고 해서 붙여진 이름이다. 이곳 어산의 전설은 가야의 수로왕首露王, 재위 42~199까지 거슬러 올라간다.

우리나라에 불교가 처음 전래된 것은 공식적으로는 고구려 소수림왕小獸林王, 재위 371~384 때인 372년이지만, 설화적으로는 가야의 수로왕이 인도 아유타국의 허황옥許黃玉을 왕비로 맞이하면서 이미 불교를 받아들였다고 공공연히 언급된다. 근래에는 아유타국의 허황옥을 완전한 허구의 인물로 보기도 하는데, 이를 긍정할 만한 결정적 근거도 없지만 딱히 부정할 만한 근거도 없는 상황이다. 그래서 바다를 통한 가야와 동남아시아의 교류 흔적으로 보기도 하는 등 다양한 해석이 시도되고 있다.

여하간 '어산불영' 설화에 의하면 수로왕의 금관가야 국경 지대에 옥지玉池가 있었는데, 여기에 사는 독룡毒龍이 만어산의 다섯 나찰녀羅刹女와 만나면서 번개가 치고 비가 내려 곡식이 익지 못했다는 것이다. 사실 만어산이 위치한 밀양은 고대에는 금관가야의 영토는 아니었던 것 같고 미리미동국 또는 미리벌이라는 소국으로 있다가 신라에 정복당한 것으로 알려져 있다. 따라서『삼국유사』에 등장하는 '국경 안의 옥지' 표현은 금관가야의 중심지인 김해와 미리벌, 즉 밀양의 경계 즈음에 있는 연못에 사는 용이 국경 너머 미리벌 만어산 나찰녀와 사귀었다는 것을 의미하는 것으로 보여 꽤 정확한 표현이라 하겠다. 밀양과 김해는 낙동강을 사이에 두고 인접해 있으니 용이 살았다는 '옥지'는 낙동강 남쪽 인접한 어딘가에 있었던가 보다.

수로왕은 국경을 초월한 용과 나찰녀의 사랑을 막아보고자 주술을 사용했지만 통하지 않아 결국 부처님을 모셔왔다. 부처님의 설법을 들은 나찰녀들은 오계를 받고 불교에 귀의하게 되었으며, 나찰녀를 만나러 수시로 들락거리던 용도 제도를 받아 귀의했고, 이후에는 물고기 떼를 거느리고 와서 부처님의 설법을 들었는데 그들이 마침내 돌로 굳어진 것이 지금의 모습이라는 이야기다.

이어서『삼국유사』는 북천축北天竺 가라국訶羅國의 불영佛影, 즉 부처님 그림자에 관해 전해지는 몇 가지 이야기를 기록하고 있다. 마치 '어산불영'에 등장하는 용과 나찰녀처럼 인도 아프가니스탄의

가라국, 즉 나가라하라국에서도 독룡이 나쁜 짓을 많이 하자 그 나라 왕이 특별히 부처님을 청해 용을 제도했다는 설화다. 그런데 교화를 마치신 부처님이 떠나려고 하자 착하게 마음을 바꾼 용은 부처님이 떠나시면 다시 나쁜 마음을 먹게 될 것 같아 두려우니 부디 함께 머물러주십사 청했다.

하지만 이 이야기를 들은 범천이 부처님은 일체중생을 제도하는 분이시므로 용 한 마리를 위해 한 곳에만 머무실 수는 없다고 반대했다. 두 청 어느 하나도 뿌리칠 수 없었던 부처님은 결국 용이 살고 있는 굴에 자신의 그림자를 남겨 놓음으로써 모두가 충족할 수 있는 방편을 세우셨다. 부처님은 떠나셨지만 굴 안에 부처님의 그림자가 용과 함께하게 된 것이다. 이를 '불영굴佛影窟'이라고 한다. 부처님은 떠나시면서 "이곳에 1,500년을 머물 것이다"라고 하셨다고 하는데, 그래서인지 1,500년이 지난 후에는 점차 이 그림자가 희미해졌다. 이후 아프가니스탄 지역을 지나던 법현法顯 스님이나 현장 스님 같은 후대 구법승의 눈에는 부처님 그림자가 선명하게 보이지 않았다고 한다.

비록 『삼국유사』에는 부처님이 밀양 만어산에도 이러한 그림자를 남겨두셨다고 콕 짚어 언급하고 있지는 않지만 제목인 '어산불영', 즉 '만어산의 부처님 그림자'에서만 보더라도 이미 이것을 설명하기 위해 인도 설화를 상세히 기술하고 있음을 알 수 있다. 특히 이러한 설화가 발생한 인도의 나가라하라국은 한자로 나건가라국那乾訶羅國, 나갈하국, 가라국 등으로 표기되고 있는데, 특히 '가라국'이라는 이름과 '어산불영'의 배경이 되고 있는 '가락국駕洛國'의 이름이 비슷한 것도 한몫 했을 것이다. 거기다『관불삼매해경觀佛三昧海經』에서는 이 굴이 있는 산 이름이 '아나사산阿那斯山'이라고 했는데, 일연 스님은 이 이름도 인도어의 물고기를 뜻하는 '마나'가 '아나사'로 잘못 전해진 것이어서 원래는 '마나산'이며, 이것이 가야에 와서 '만어산'이 되었다고 어원학적으로 밝히고 있다. 마치 양양 낙산사의 '낙산'이 인도 '포탈라카'의 한자식 발음인 것과 비슷한 개념이다.

가락국 수로왕이 독룡을 다스리기 위해 급작스레 부처님을 모셔왔다는 설화는 악에 대항하다 힘에 부치니 영화 속에나 등장할 법한 히어로에게 도움을 요청하는 설정만큼이나 황당해 보이지만, 결국 이 설화도 우리나라를 불국토로 만들고자 한 염원의 산물이다. 왜냐하면 이 부처님 그림자는 불교 역사에서 매우 중요한 의미를 지니고 있으며, 그것이 우리나라에도 드리워져 있다는 것은 곧 우리나라 역시 불교의 발상지 인도만큼이나 불교와 깊은 연관이 있는 땅임을 입증하는 것이기 때문이다. 의상 스님이 부다가야와 포탈라카산을 우리 땅에 옮겨온 것처럼 이 설화를 통해 나가라하라의 불영굴을 옮겨온 셈이다.

부처님 그림자는 매우 중요한 의미를 지닌다. 미디어가 발달한 오늘날의 시각에서는 단지 그림자에 불과할지 모르지만, 사진이나 인쇄술이 발달하지 않은 고대 사회에서 부처님 그림자는 부처님의 모습을 실제로 친견할 수 있었던 매우 드문 실증자료였다. 이외에 우다야나왕이 나무를 깎아서 만들도록 한 석가모니상도 있었는데, 이는 석가모니의 모습을 화가가 직접 스케치해 와서 이를 바탕으

밀양 만어산 만어사 정경.
바위들이 마치 저수지에 가득 찬 물고기 떼가
뛰어오르는 것 같은 모습으로 펼쳐져 있다.

로 만든 상이기 때문에 '사진寫眞상'이라고 불렸다. 지금 우리가 흔히 말하는 '사진'과 동일한 개념이다. 수많은 불상이 만들어졌지만, 우다야나왕이 만든 '사진상'이야말로 진짜 석가모니의 모습을 보여주는 귀중한 불상이었던 것이다.

이에 버금가게 중요한 것이 바로 부처님 그림자였다. 비록 그림자이므로 윤곽선에 불과한 모습이었지만, 대신 이 그림자는 우다야나왕이 만든 사진상과 차별되는 특징이 하나 있었다. 우다야나왕이 만든 불상이 '사진'이라면 부처님 그림자는 '동영상'이었다. 『삼국유사』에서는 부처님 그림자가 공양을 받으면 설법까지 했다고 하니 완전히 부처님 설법 주크박스였던 셈이다.

그렇다면 만어산 어디에 부처님 그림자가 서려 있었을까? 현재 만어사에는 미륵전彌勒殿이란 편액이 달린 중층 형태 전각이 있는데, 특이하게도 이 전각 안에 모셔진 불상은 일반적인 불상이 아니라 커다란 바위덩어리다. 만어사 아래로 펼쳐진 돌강에 있는 바위와 모양은 비슷한데 훨씬 커서 마치 이들 바위의 우두머리처럼 보인다. 어쩌면 물고기에게 설법하기 위해 부처님도 물고기 모습으로 변신하신 것이 아닐까? 그야말로 눈높이 교육이라 하겠다.

그런데 전해지는 말에 의하면 바로 이 바위에 부처님 그림자가 서려 있었다고 한다. 마침 언젠가 『법보신문』에서 진행했던 〈삼국유사 성지순례〉 프로그램의 일환으로 만어사를 찾았을 때, 순례에 동참하신 분들이 이 바위에서 부처님 모습을 찾기 시작했는데 놀랍게도 보시는 분마다 서로 다른 부처님을 찾아내어 공유하니 그야말로 십인십색 부처님 형상이 이 바위에 서려 있음을 알게 되었다. 더불어 비로소 깨닫게 된 것은 동영상에 가까운 불영 설화는 결국 이렇게 보는 시각에 따라 다르게 나타나는 여러 부처님 모습을 연결시켜 보았던 것에서 비롯되었을 것이라는 점이었다.

이처럼 『삼국유사』의 '어산불영' 이야기는 물고기의 모습으로 변했지만 그 안에 다양한 부처님 그림자를 내포한 바위가 전한다는 사실, 그리고 이 바위에 서린 부처님의 설법을 듣기 위해 몰려든 용과 엄청난 양의 물고기가 부처님을 바라보며 설법을 듣는 것이 얼마나 좋았으면 그 자리에서 그대로 돌이 되어버렸다는 사실을 들려준다. 나아가 인간이 자연에 어떻게 문화를 덧입힐 수 있는지를 보여준다.

한편 『삼국유사』에서는 이 바위를 두드리면 경쇠소리가 난다고 했는데, 경쇠는 옥이나 금속으로 만들어서 두드리면 맑은 소리가 나는 의식구 혹은 악기다. 나가라하라의 불영굴도 돌을 두드리면 그런 맑은 소리가 난다고 했는데, 만어산도 실제 돌을 두드려보면 속이 비어 있는 듯 울리는 맑은 소리가 들리니 이 역시 가라국과 가락국이 둘이 아님을 알겠다. 우리나라는 불교 음악을 '범패梵唄'라 하고 혹은 '어산魚山'이라고도 하니, 만어산의 어산과 무슨 연관이라도 있을지 모르겠다. 다만 이렇게 바위에서 울리는 경쇠소리역시 음악의 일종으로 간주되었을지도 모르겠다는 추측만 해본다. 찬하여 말한다.

▲ 제석천의 굴에서 설법하는 석가모니를 묘사한 간다라 부조. 나가라하라의 불영굴에 남겨진 설
  법하는 부처님도 이와 비슷한 모습이지 않았을까.

▼ 만어사 미륵전 부처바위. 절 앞에 펼쳐진 물고기 돌과 닮았다. 그 정면에 보이는 자연적인 무늬
  속에 다양한 부처님 모습이 숨겨져 있다.

▶ 〈밀양 만어사 삼층석탑〉, 고려시대, 보물 제466호.
  『삼국유사』에 의하면 부처님 그림자를 기리기 위해 고려 명종 1180년에 만어사에 세워졌다고
  한다. 보물로 지정된 삼층석탑이 당시 흔적을 보여준다.

가락국 만어산의 부처님 그림자

보이나 안 보이나 논하지 말라

돌강에 스며든 설법하는 그 음성

두드리면 낭낭하게 배어 있지 않은가

요동성에 세워진
아소카왕 불탑

진신사리 신앙의 확산

『삼국유사』「탑상」편 '요동성육왕탑遼東城育王塔' 이야기는 당나라 도선 율사가 저술한 『집신주삼보감통록集神州三寶感通錄』에 실린 이야기를 일연 스님이 채록한 것이다. 제목의 뜻은 '요동성(랴오둥성)에 있던 아소카왕이 세운 탑'이란 뜻이다. 대략적인 줄거리는 고구려 영토이던 요동의 요동성에 고구려 왕이 순행을 왔다가 신비한 오색구름이 휘감아 돌며 머무는 곳을 발견했다. 다가가보니 구름 속에 지팡이를 든 승려가 홀로 서 있는 것이 보였으며 더 가까이 가자 노인은 사라지고 대신 흙으로 쌓은 3층 기단 위에 솥을 엎어놓은 것 같은 모양의 탑만 보였다. 승려가 서 있던 자리를 파보니 지팡이, 신발과 더불어 산스크리트어로 된 명문이 나왔다. 마침 왕의 일행 가운데 이 글을 읽을 줄 아는 사람이 있어 이것이 불탑이라는 것을 알려주었다. 이에 고구려 왕은 불교를 믿을 결심을 하고 이 탑을 보호하기 위해 다시금 7층 목탑을 세웠다는 것이다.

이야기의 원본인 도선의 『집신주삼보감통록』이나 이를 채록한 일연 스님이나 모두 이 탑을 아소카왕이 세운 탑이라고 하였다. 과연 아소카왕이 인도 바깥, 그것도 중국을 건너 동쪽 끝단 고구려 요동성에 탑을 세울 수 있었을까? 인도에서 전해지는 이야기에 의하면 석가모니께서 열반에 드신 후 다비를 하고 나온 사리는 8등분 하여 8개 탑을 세웠다. 그 후 100년 정도 뒤에 아소카왕이 인도 전역을 통일하고 8개 탑에 있던 사리를 꺼내어 제국 영토 전역에 도합 8만 4천 개 탑을 세우고 사리를 분산해 봉안했다고 한다. 불교를 인도 전역에 전파하고 각 지역의 불교도가 보다 쉽게 부처님께 공양할 수 있게 하기 위한 조치였을 것이다.

그러나 인도 설화에서는 8만 4천 개 탑이 모두 인도 안에 세워졌을 뿐 중국에까지 세웠다고는 하지 않았다. 이 수많은 탑이 세워진 곳 중에 중국이나 고구려가 포함되었다는 이야기는 물론 후대에 해당 지역 사람들이 만들어냈을 것이다. 처음에는 인도에서 약간 벗어난 곳, 그러니까 실크로드나 버마(미얀마) 등에 아소카왕이 세운 탑이 있다는 정도로 그 범위가 조금 확장되었을 것이다. 그리고 그것은 어쩌면 사실이었을 수도 있다. 아소카왕이 인부를 보내 직접 탑을 세우지는 않더라도 8개 탑에서 나온 진신사리 일부를 보내 탑을 세우도록 지시하거나 종용했을 가능성은 충분히 있다. 그래서 실제 버마에는 아소카왕이 불교 전파를 목적으로 파견한 승려들이 가져온 진신사리를 모셨다고 전하는 탑이 세워져 있기도 하다. 스리랑카, 버마 등은 인도와 인접한 지역이므로 충분히 그럴 수 있었을 것이다.

그런데 그 범위가 점점 넓어진다. 아소카왕이 세운 탑이 발견되는 곳이 실크로드를 따라 점점 동쪽으로 옮겨오며 중국에서 가장 서쪽에 위치한 간쑤성에서 발견되기 시작하다가 산시성을 거쳐 나중에는 뱃길을 따라 중국 푸젠성이나 장쑤성 난징 등에서도 아소카왕이 세운 탑이 발견되며 급기야 고구려 땅 요동성에서도 발견되

▲ 미얀마 바고의 쉐모도 파고다. 미얀마에는 아소카왕과 연관된 석가모니 진신사리를 봉안한 탑
이 많이 세워져 있다.

▶ 중국 간쑤성에서 발견된 북량 시대 석탑. 이런 작은 석탑은 땅에서 발굴된 아소카왕 석탑을 모
방한 것일 가능성이 높다.

▼ 중국 산시성 푸펑 법문사 진신사리탑. 진시황 때 인도에서 온 아소카왕의 승려 포교단이 가지
고 온 불지사리가 발굴된 장소에 세워졌다.

▶▶ 중국 랴오닝성 랴오양시의 백탑. 『삼국유사』 '요동성육왕탑'의 배경이 된 요동성이 있던 곳이어
서 육왕탑 자리에 이 백탑이 세워졌을 것으로 추정된다.

기에 이른 것이다. 그러므로 『집신주삼보삼통록』에서 지칭하는 '신주神州'의 정확한 개념은 단순히 당시 중국을 지칭하는 것이 아니라 더 넓게 서역(중앙아시아)과 인도를 아우르는 지금의 '아시아'를 일컫는 개념에 더 가깝다. 이들 서로 다른 지역을 '신주'라는 이름으로 묶을 수 있는 것은 당연히 불교라는 공통분모 덕분이다. 이를 바탕으로 책 제목 '집신주삼보삼통록'을 풀어보면 '불교가 전파된 아시아 전역에서 불교가 일으킨 기적의 기록' 정도로 볼 수 있지 않을까?

여하간 『집신주삼보감통록』에 등장하는 아소카왕이 세운 탑의 모습은 대략 이렇다. 재료는 돌과 비슷한 재질이고 높이는 한 자 네 치, 즉 1.4척이니까 대략 45센티미터, 그리고 5단의 상륜부를 가졌으며, 그 모습이 인도와 호탄의 불탑과 비슷하다고 했다. 크기는 우리가 흔히 '탑'이라고 생각하는 그런 건축물의 크기는 아니지만, 둘레에 방울과 구리로 만든 경쇠가 달려 있었다고 하니 비교적 정교한 형태였던 것 같다. 어떻게 보면 탑이 아니라 인도의 스투파 모양으로 생긴 사리기라고 하는 게 더 정확할지도 모르겠다. 실제 간쑤 성에서 발견되는 소위 '북량탑北涼塔'이라는 독특하게 생긴 탑이 있는데, 아마도 아소카왕 탑을 모델로 만든 복제품이 아니었나 생각된다.

그러나 고구려 왕이 발견한 요동성의 아소카왕 탑은 3층의 토탑, 즉 흙으로 쌓은 탑이었다. 아마 벽돌탑 형태였을 것으로 생각되는데, 어느 정도 규모가 있는 탑이었던 것 같고, 그 위에 솥을 엎어 놓은 것 같은 구조물이 있다고 했으니 이는 『집신주삼보감통록』에

서 인도나 호탄의 탑과 같다는 설명과 일치한다. 솥을 엎어 놓은 것
은 우리나라에서 인도의 스투파처럼 둥근 형태의 탑을 '복발탑覆鉢
塔', 즉 발우를 뒤엎어 놓은 모양의 탑이라고 부르는 것과 같은 개념
이다. 고구려 왕은 이 탑을 보호하기 위해 7층 목탑을 덮어 씌웠다.
그렇지만 완전히 덮어 원래 아소카왕의 탑을 보지 못하게 한 것은
아닐 테고 아마 안으로 들어가 보면 원래 탑을 볼 수 있는 구조이
지 않았을까 생각된다. 또한 고구려는 주로 팔각형 탑을 세웠는데,
요동성에 세운 7층 목탑도 아마 팔각형 평면이었을 것으로 짐작
된다.

『삼국유사』 기록에도 이 탑은 이미 오래 전에 낡아서 점차 층수
가 낮아졌다고 했는데, 고구려와 당나라의 전쟁이 한창이던 때 당
나라의 장수 설인귀가 이곳을 지날 때만 해도 이곳은 이미 '공광소
조空曠蕭條', 즉 텅 비고 쓸쓸한 상태였다고 하니 세월이 오래 흐른
탓도 있고 연개소문淵蓋蘇文 이후 도교를 중시하면서 버려지다시피
취급한 결과이기도 하리라 짐작된다.

현재 중국 랴오양시에는 요동성을 둘러싸고 있던 해자로 전해지
는 곳이 있는데, 그 외곽으로 '백탑白塔'이라는 요나라 때 세워진 거
대한 탑이 있다. 혹자는 바로 이 자리가 요동성 육왕탑이 세워졌던
곳이 아닐까 추정하기도 한다. 실제 고구려 고분 중에 요동성을 그
린 것으로 전해지는 벽화가 있는 '요동성총'에서 요동성의 안과 밖
에 고층 누각이 그려져 있는 것을 볼 수 있다. 이것이 탑을 묘사한
것이 아닐까 추정되며 성 바깥 누각 자리가 현재 백탑이 서 있는
자리로서 육왕탑을 묘사한 것일 가능성이 논의되고 있다.

아소카왕의 탑이 중국과 고구려에까지 세워졌다는 전설은 왜 생겨났을까? 두 가지 측면에서 생각해볼 수 있다. 하나는 불교를 전파하기 위해서는 절을 세워야 했고, 당시로서는 절을 세우기 위해서 무엇보다 탑을 세워야 한다는 생각이 있었던 것 같다. 그래서 탑을 세우기 위해 진신사리를 구하려고 했지만 그것이 결코 쉬운 일이 아니었다. 그래서 진신사리를 얻는 방법으로 고안해낸 것이 바로 인도 승려들이 직접 진신사리를 가지고 중국으로 건너오는 것이었다. 시안 근교 푸펑의 법문사法門寺는 부처님의 불지사리佛指舍利, 즉 손가락 사리로 유명한 곳인데, 이곳은 아소카왕이 보낸 승려 포교단이 중국 진시황을 찾아왔다가 포교를 거절당하자 가지고 온 진신사리를 묻어놓았다고 전해지는 곳이다. 이곳을 한나라 때 파르티아에서 온 승려 안세고安世高가 발굴해 진신사리를 찾아내고 이를 기념하여 탑을 세운 것이 계속 이어져 지금의 법문사탑이 되었다.

그 다음 방법이 '요동성육왕탑'처럼 아소카왕에 의해 세워졌다가 땅에 묻힌 탑을 발굴하는 것이다. 이렇게 발견된 탑이 정말로 아소카왕이 세운 8만 4천 탑 중 하나라면 틀림없이 그 안에 있는 사리는 석가모니 부처님의 진신사리다.

이렇게 진신사리를 구하는 것이 첫 번째 이유였지만, 더 나아가 중국에 불교를 전하는 스님과 불자는 불교가 결코 당시에 중국에 처음 전해진 것이 아니라는 사실을 말하고 싶었다. 이미 인도 아소카왕 시절부터, 그리고 중국의 입장에서는 진시황 때부터 불교가 전해졌기 때문에 중국과 불교는 오랜 인연을 가지고 있었으므로 불교가 결코 신흥종교가 아님을 강조하고 싶었던 것이다.

일연 스님은 말미에서 다음과 같이 이 아소카왕 탑을 찬했다. "기인지점제신번幾人指點祭神墦." 풀어보자면 "몇 사람이나 이 신성한 무덤에 제를 올렸을 것인가!"일 텐데, 여기서 일연 스님이 탑이라는 단어 대신 탑의 어원인 '스투파'의 원뜻이 무덤에 가까운 의미인 것을 살려 '무덤 번墦' 자를 선택한 것이 주목된다. 일연 스님은 진신 사리가 매납된 이 탑을 진정한 스투파, 즉 석가모니의 무덤으로 보았던 것이다. 이 단어의 선택이야말로 우리 땅 역시 오래전부터 불국토로서의 인연과 진정성을 지니고 있다는 것을 천명하는 신의 한 수가 아니었나 싶다.

익명성의 신화화

천·지·인이 빚어낸 불상

『삼국유사』「탑상」편 '사불산 굴불산 만불산四佛山掘佛山萬佛山' 조
에 실린 세 편의 이야기는 제목이 '산' 자 돌림이다. 그러나 각각의
내용을 보면 등장하는 산의 개념이 조금씩 다르다. 우선 사불산과
굴불산은 석불상에 대한 이야기다. 사불산 이야기부터 살펴보자.

사불산은 현재 경북 문경 공덕산에 있는 대승사大乘寺라는 절에
관한 기록인데, 그곳 산 정상부에 사방불四方佛, 즉 네 면에 돌아가며
불상을 새긴 바위가 있다. 설화에 의하면 진평왕 9년(587)에 이 바
위가 하늘에서 떨어졌고, 진평왕은 이 소식을 듣고 몸소 사불산까
지 찾아와 공양한 뒤 그 곁에 절을 세워 '대승사'라 했다는 것이다.

더구나 이 불상은 비단에 쌓여 하늘에서 내려왔다고 하니 그야
말로 하늘에서 신라에 내린 선물인 셈이다. 이것이 진평왕 대에 일
어난 일이므로 한편으로는 진평왕이 하늘로부터 통치자로서의 정
당성을 인정받았다거나 혹은 그가 훌륭한 왕임을 하늘이 인정한
것으로도 풀이될 수 있다. 그러나 그런 것이었다면 기왕 내려주시
는 김에 경주로 보내주셨더라면 더 자연스러웠을 텐데 지방, 어찌
보면 삼국이 대치하는 상황에서 일종의 전방이라고도 할 수 있는
문경으로 내려보낸 것이 특이하다. 앞서 진흥왕 대에는 인도 아소
카왕이 장륙불상을 만들어달라며 재료를 배에 실어 보낸 적이 있

▲ 경주 굴불사지 사면석불. 정면 삼존불에서 좌협시보살이 관음보살인 것으로 보아 본존불은 아
미타불로 추정된다. 땅속에서 들린 염불은 '나무아미타불'이 아니었을까?

▼ 문경 사불산 대승사 사면석불. 마멸이 심한 편이어서 불상의 존명 등을 밝히기 어려운 상태다.

었고 진평왕은 이미 즉위하던 해에 하늘에서 내려온 천사로부터 옥대를 하사받은 바 있다. 만약 사불산 설화가 정말로 진평왕을 위한 것이었다면 진평왕은 유독 하늘로부터 무엇을 받기를 좋아했던 것 같다.

비록 특정 왕이 등장하기는 하지만 이 설화는 사불산 대승사의 사방여래가 새겨진 바위의 신성함에 더 방점이 찍혀 있는 것으로 보인다. 진평왕은 단지 '왕도 와서 몸소 경배하고 갔다'라는 이야기를 통해 대승사 사방여래를 더욱 존귀한 대상으로 만드는 데 있어 일종의 조역처럼 느껴진다. 진평왕은 이 바위를 향해 끊임없이 '법화경法華經'을 독송할 승려를 임명했는데 이를 통해 사방불 신앙이 '법화경'과 연관되었을 가능성을 엿볼 수 있으며, 절 이름이 대승사인 것도 대승불교 경전의 꽃이라고 할 수 있는 '법화경' 독송과 어떤 연관이 있음을 암시하는 듯하다.

두 번째 이야기 굴불산 설화는 경주 북쪽에 위치한 소금강산 백률사 아래 있는 굴불사지 사면불상에 관한 것이다. 이번에는 통일신라시대 경덕왕景德王, 재위 742~765 때의 일이다. 경덕왕이 백률사에 들렀다 돌아가는 길에 지금의 굴불사지를 지날 때 땅속에서 염불하는 소리가 들렸다. 이에 땅을 파보니 사방불이 새겨진 바위가 나왔다. 불상을 발굴했다고 해서 절 이름이 '굴불사'가 되었다. 백률사는 순교자 이차돈의 목을 치자 그 목이 날아와 떨어진 곳에 세워진 절이라고 하며, 또한 백률사에는 효소왕孝昭王, 재위 692~702 때 오랑캐에 붙잡혀갔던 화랑 부례랑夫禮郎과 안상安常을 신라로 되돌아오게 했던 영험한 관음상이 봉안되어 있었다. 거기에 굴불산 설화까지 더해진 것이다.

결국 사불산의 사방불은 하늘에서 내려왔고, 굴불사의 사방불은 땅에서 솟아났으니 천지의 조화라 할 만하다. 그러나 오늘날 이런 이야기를 믿을 사람은 그리 많지 않으리라. 굴불사 설화 역시 불상을 신성시하기 위해 만들어진 것으로 경덕왕은 조연에 불과했을지도 모른다. 오히려 이들 설화가 언제쯤 생겨났는지 궁금하다. 실제 진평왕과 경덕왕 때 설화가 생겨나고 불상도 이때 만들어졌을까? 미술사학자들은 불상을 그 시대에 제작된 것으로 보는데, 그렇다면 설화는 훨씬 나중에 만들어졌을 것이다. 만약 설화가 실제 진평왕과 경덕왕 때 만들어졌다면 불상은 이보다 더 이른 시기에 제작되었어야 한다. 새로 막 만들어진 것이 분명한 불상보다는 누가 언제 만들었는지 알 수 없는 불상에 이런 설화가 더 쉽게 덧붙여졌을 것이기 때문이다.

그런데 이들 설화를 조금 다른 각도에서 살펴보려고 한다. 미술사에서 어쩌면 가장 중요할지도 모르지만 대부분 무심하게 지나가버리는, 불상을 만든 작가의 시각이다. 설화를 통해 불상을 신성하게 만드는 것은 그것이 사실이든 아니든 상관없이 긍정적으로 평가할 수 있다. 요즘 인문학에서 그렇게도 강조하는 콘텐츠 측면에서 보자면 더더욱 배울 점이 많다. 그러나 작가의 입장에서 생각해보자. 조각가가 공들여 제작했더니 사람들이 이것을 자신의 작품으로 보지 않고 신이 만든 작품으로 보는 것이다. 자신이 만든 작품을 신이 만들었다고 볼 정도로 높이 평가한다는 것은 일면 칭찬의 뜻으로도 들린다. 그러나 '신이 만든 작품 같다'와 '신이 만들었다'는 이야기는 차원이 다르다. 정말로 신이 만들었다고 해버리면 작가가 설 자리는 없어진다. 결국 이러한 설화는 철저한 익명성이 요구된다. 즉 신이 만든 것이지 사람이 만든 것이 아니므로 실제로 이것을 조각한 사람은 철저히 숨겨져야 하는 것이다. 조각가도 그것을 바랐을까?

　서양 조각의 거장 미켈란젤로가 〈피에타〉(1498~1499)를 제작했을 때 사람들은 그 작품이 너무 훌륭해 고대 작품을 발굴해 가져다놓은 것으로 착각했다고 한다. 때문에 미켈란젤로는 〈피에타〉가 자신의 작품임을 분명히 하기 위해 작품에 서명을 남겼다. 이것이 작가의 입장이다. 그럼에도 사불산, 굴불산의 석불상을 조각한 작가들은 끝내 침묵을 지키고 역사 속으로 사라져버렸다. 그것이 자의인지 타의인지는 알 수 없다. 작가가 누구인지 전해지고 있었지만 작품을 신성화하기 위해 작가의 존재를 슬그머니 숨겼을 수 있다. 아니면 원래 우리 석공은 그렇게 이름도 남기지 않은 채 일하다 가는 게 일반적이었고 이후 그 빈자리에 신화가 들어선 것인지도 모른다. 그러나 어떤 경우든 작가의 익명성이 없었다면 이러한 신화는 결코 작품에 스며들지 못했을지도 모른다. 작가는 이름을 희생하는 대신 자신의 작품을 신의 작품으로 승화시켰다고나할까. 대승사의 사면불을 보면 절묘하게 정상부 바위에 세워진 바위기둥이 신비로우며, 굴불사의 사면석불을 보고 있노라면 과연 신의 솜씨가 아닐까 싶게 화강암을 조각한 것이 아니라 마치 녹여서 부어낸 것처럼 부드럽고 정교하다.

　세 번째 만불산은 실제 산이 아니다. 만불산은 당나라 황제 대종

▲ 〈자격루〉 세부, 현대 복원,
국립고궁박물관 소장.
기계장치로 움직였을 것으로 생각되는 만
불산도 아마 조선시대 이 자격루처럼 작
동하는 원리였을 것이다.

◀ 〈백제금동대향로〉 뚜껑 세부, 금동,
높이 61.8cm, 국립부여박물관 소장.
만불산 모형산과 동물, 인물과 음악 연주
상 등의 묘사를 보면 왠지 이 향로의 산수
표현이 연상된다.

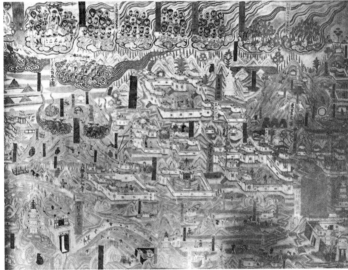

▲ 수미산을 형상화한 티베트 금공품. 만불산은 자연스러운 산의 모습이었겠지만 아마도 이와 비슷한 개념으로 제작되었을 것으로 생각된다.

▼ 돈황 막고굴의 오대산도. 당나라의 오대산 신앙을 반영하는 그림이다. 만불산은 이러한 오대산도의 축소실사판이었을 수도 있다.

(출처: Paul Pelliot, *Les Grottes De Touen-Houang*, 1921)

代宗, 재위 762~779이 불교를 좋아한다는 말을 듣고 경덕왕이 선물로 주기 위해 신라 장인의 정수를 담아 만든 일종의 정밀기계 공예품이었다. 별의별 정교한 것을 다 만들어내는 중국의 황제조차도 이를 보고 "신이 만든 것 같다"며 감탄했다고 한다. 비록 신의 기교를 빌려 찬탄하긴 했지만 여기에는 그 어떤 신화도 없다. 오직 인간의 치열한 기술이 이루어낸 성과를 다루고 있다. 만불산의 생김새는 두꺼운 오색 양탄자 위에 기암괴석으로 형성된 모형의 산을 만들고 그위에 크기 2~3센티미터 정도의 불상 1만 구를 봉안했는데 그렇게 작은데도 머리카락과 두 눈 사이의 백호가 정밀하게 새겨져 있었다. 또한 산 곳곳에 벌, 나비, 제비, 참새 등의 형상이 있어 작은 바람에도 마치 살아 있는 것처럼 펄럭이며 움직였으며, 화려한 모형 전각에는 종이 달려 있는 것도 있어 여기서 종이 울리면 곳곳에 배치된 승려상이 엎드려 절하고 염불하는 소리가 들렸다고 한다. 아마도 모종의 기계장치로 움직이는 미니어처 정원을 만들어낸 것 같다.

비록 만불산은 남아 있지 않지만 국립고궁박물관에 재현된 조선시대의 자격루를 보면 흐르는 물을 동력으로 사용해 이러한 기계장치를 만들어내는 것이 불가능한 일은 아니었으리라 생각된다. 거기다 산의 형세와 그 곳곳에 불상과 승상, 동물상을 배치했다는 기록은 〈백제금동대향로百濟金銅大香爐〉를 떠올리게 한다. 이 향로의 다양한 조각상을 자격루의 기계장치로 움직이게 만든다면 아마도 만불산 같은 모습이 되지 않을까? 이런 신기한 초정밀 기계장치인 만불산은 그야말로 몇 안 되는 이 시대 최고의 시계회사만 만들 수 있다는 정밀장치인 투르비용tourbillon의 신라 버전이었다.

만불산을 선물 받은 대종은 이를 내불당에 안치하고 금강계 밀교의 고승 불공삼장不空三藏을 초청해 그 앞에서 밀교 경전을 낭송하게 했다 하니, 왠지 사불산 사방여래 앞에서 법화경을 외우게 했던 것과 대칭을 이루는 듯하다. 그렇다면 만불산은 밀교와 연관된 산이었을까? 이 때문에 만불산은 경덕왕이 중국 불교의 성지인 오대산을 미니어처화해서 선물로 보낸 것이 아닐까 추측하게 한다. 예를 들어 대종이 늘 오대산을 참배하고 싶었으나 황제로서 밖으로 나다니기 어렵다는 이야기를 듣고 장안에 앉아 오대산을 순례하라는 뜻으로 경덕왕이 보낸 꽤 센스 있는 선물이었을 수도 있겠다. 그러기에 오대산과 인연이 있는 당시의 고승 불공을 모셔다 밀교진언을 염불 공양하게 한 것이 아니었을까.

참고로 더 특기할 만한 사실은 당시 불공삼장의 문하에서 신라의 혜초慧超 스님이 활동하고 있었다는 점이다. 불공삼장이 만불산을 향해 염불하고 있을 때 그를 따르던 제자 가운데 혜초 스님도 함께 했을지 모른다. 불공삼장이 혜초 스님에게 "그대의 고향에서 온 것이다"라며 추켜세웠을 때 으쓱했을 혜초 스님의 모습이 떠오른다.

일연 스님은 찬하여 말하길 "하늘은 만월을 단장시켜 사방불을 깎아냈고/땅에선 백호가 솟아나 하룻밤에 열렸네/묘수를 다시 움직여 만불을 새기니/진풍이 삼재三才로 두루 펼쳐지네"라고 읊었다. 즉, 사불산은 하늘, 굴불산은 땅이 드러낸 조화라면 만불산은 인간의 조화이므로 결국 천·지·인 삼재가 빚어낸 산을 하나의 이야기로 묶어낸 것이다. 각각의 이야기도 흥미롭지만 이를 하나로 묶어낸 일연 스님의 이야기꾼 기질이 진정 놀랍기만 하다.

삼소관음중생사,
기적을 일으키는 불상

『삼국유사』「탑상」편 '삼소관음중생사三所觀音衆生寺' 조의 제목도 쉽게 그 뜻이 들어오지 않는다. 풀이하면 '세 곳에 나타난 중생사의 관음상'이란 뜻이며 내용은 옴니버스식으로 이야기 네 편이 실려 있다. 중생사 관음상은 어떻게 세 장소에 나타나셨다는 뜻일까? 그리고 어떤 상이었을까?

첫 번째 이야기는 이 보살상이 처음 만들어지게 된 내력에 관한 것이다. 중국 천자에게 사랑하고 아끼는 절세 미녀가 있었다. 천자는 한 화가에게 지시해 미녀를 그리게 했다. 그런데 화가가 그림을 그리다 실수로 붓을 떨어뜨려 그림 속 미녀의 배꼽 아래에 점이 찍혀버렸다. 화가가 어떻게든 고쳐보려고 했지만 여의치 않자 하늘의 뜻이려니 하고 그냥 그림을 천자에게 바쳤다. 사실 미녀에게는 정말로 그런 점이 있었다. 천자는 미녀가 옷을 벗지 않으면 결코 알 수 없는 부분을 화가가 그린 것은 틀림없이 둘 사이에 애정행각이 있었기 때문이라 믿고 크게 분노해 화가를 가두고 벌주려 했다. 아마도 천자가 주문한 그림은 배꼽이 드러나는 꽤 노골적인 형상이었던 모양이지만 화가가 실제로 그림을 그릴 때는 미녀의 얼굴만 그리고 그 몸은 상상으로 그려야 했으리라.

사건이 커지자 화가의 평소 인품을 알고 있던 승상이 나서서 이

화가는 결코 그럴 사람이 아니라며 용서를 구했다. 그러자 천자는 엉뚱하게도 화가가 어젯밤에 자신의 꿈속에 나타났던 사람을 알아맞혀 그림으로 그리면 살려주겠다고 했다. 참으로 희한한 테스트다. 문맥상 연결해보면 승상은 이 화가가 때때로 예지력이 있어 그런 것이지 실제 천자의 여인의 몸을 본 것은 아닐 것이라고 말했기 때문에 천자가 이런 문제를 낸 것이 아닐까.

여하간 문제를 받아 든 화가가 답안으로 제출한 그림은 십일면관음상十一面觀音像이었으며, 이는 정답이었다. 풀려난 화가는 분절芬絕이라는 박사를 만나 회포를 푸는 중에 중국을 떠나 불교를 숭상한다는 신라로 갈 것을 결심해 바다를 건넜다. 그리고 신라에 와서 천자의 꿈에 나타났고 자신에게도 현몽해 목숨을 구할 수 있었던 관음보살을 상으로 조성해 모셨는데 이곳이 바로 중생사라는 것이다. 결국 관음상이 만들어지기 이전에 이미 중국 황제의 꿈속에 나타난 사건이 첫 번째다. 『삼국유사』는 전해지는 말에 이 중국 화가가 바로 남북조시대의 유명한 장승요張僧繇였다는 이야기도 있다고 했는데, 만약 사실이라면 장승요가 말년에 신라로 귀화했다는 것으로 미술사의 입장에서 이는 정말 대단한 사건이 아닐 수 없다(물론 아쉽게도 그럴 가능성은 대단히 희박하다).

장승요는 중국에서 신통력을 지닌 화가로 유명했다. 예를 들어 '화룡점정畫龍點睛'이란 말도 그에게서 유래한 것이다. 당나라 장언원張彦遠의 『역대명화기歷代名畫記』(847)에는 장승요가 벽에 용을 그려놓고 눈동자를 그리지 않다가 마침내 눈동자를 그리니 용이 날아가 버렸다든가, 천왕사라는 절에 공자 그림을 그려놓았는데 나중에 절에 불이 났을 때 그곳만 타지 않았다는 등 다소 신비주의적인 이야기가 실려 있다. 왜 천자가 이 화가에게 꿈의 형상을 알아맞춰 보라고 했는지는 그 화가가 장승요였다면 조금 이해가 된다.

'삼소관음중생사'의 화가가 실제로 장승요는 아니었겠지만 아마 특별한 능력을 지닌 화가의 대명사가 장승요인지라 그에게 의탁한 것으로 보인다. 더불어 중생사 관음보살상의 얼굴 묘사가 장승요 스타일이었기 때문에 이런 이야기가 생겨난 것으로 볼 수도 있겠다. 흔히 남북조시대를 대표하는 3대 화가로 고개지顧愷之, 육탐미陸探微, 장승요를 꼽는데, 이중에서 장승요는 '육肉'을 이루었다고 평가받는다. '육'은 그가 구사한 풍만한 인물묘법이나 음영법 등을 이야기하는 것으로 보이며, 특히 불교미술에도 능해 양나라 무제가 큰 불사를 일으킬 때 자주 참여해 이후 불교미술의 모범이 되었다고도 한다.

『삼국유사』 속 중국에서 건너온 화가는 천자의 꿈에 나타났던 십일면관음보살이 자신을 살렸으므로 천자에게 그려 바친 십일면관음상과 똑같은 상을 만들었으리라 짐작된다. 그리고 그 상은 다소 풍만한 형태의 사실성을 지닌 보살상이었기에 후대 사람들이 장승요와 연결 지으려고 만든 이야기이리라.

이 관음상의 두 번째 이야기는 중생사 안에서 일어난 기적이다. 아들이 없어 걱정하던 최은함崔殷誠이란 사람이 이 관음보살상 앞에서 기도한 뒤에 아들을 얻었다. 그런데 927년 후백제 견훤甄萱이 경주로 쳐들어와서 경주가 혼란에 휩싸였을 때 최은함은 자신이 아이를 데리고 있는 것보다 관음보살에게 맡기는 것이 더 안전하리라 믿고 이 상의 발밑에 아이를 놓고 가며 말했다. "이 아이는 대성께서 주신 것이니 부디 대성께서 지켜주십시오." 그리고 난리가 지나고 나서 반달 뒤에 돌아와 보니 아이는 막 목욕한 것처럼 뽀송뽀송했고, 입에서는 방금 젖을 먹은 것처럼 젖 냄새가 감돌았다고 한다. 조금 앞선 생각일 수도 있지만, 이러한 설화를 통해 혹시 이 관음보살이 매우 여성적인 모습이지 않았을까 그려보게 된다. 물론 관음보살님이라면 꼭 여성이 아니었더라도 신통력으로 어려움 없이 아이에게 젖을 먹일 수 있었겠지만 그렇게 신통한 능력이라면 굳이 젖을 먹여서 아이를 보호했을까? 이 설화는 당시 사람들이 관음보살을 어머니 인상으로 받아들이고 있었고, 그래서 중생사 관음보살상도 여성적인 모습이었음을 은연중에 나타낸 것이 아니었을까. 물론 관음보살을 여성적인 모습으로 표현하는 것은 보편적인 개념이기도 하지만 젖을 물릴 정도라면 분명 더더욱 여성적인 아름다움이 풍부한 보살상이었을 것이다. 참고로 이때 관음보살이 씻기고 먹인 최은함의 아들이 이후 고려 초에 이르기까지 정치가로 활동한 유명한 최승로崔承老다.

세 번째로 관음보살이 모습을 드러낸 것은 고려시대인 992년이었는데, 당시 이 절은 성태性泰라는 스님이 주석하고 있었으나 보시가 들어오지 않아 절의 운영이 매우 어려웠다. 그래서 성태 스님은 관음보살상 앞에 나와 사정을 말씀드리고 중생사를 떠날 생각이라는 말씀을 올렸다. 그러자 꿈에 관음보살이 나타나 "법사는 떠나지 마시오. 곧 절 운영에 필요한 비용을 충분히 마련해줄 것이오"라며 성태 스님을 안심시켰다. 그 후 13일 만에 두 사람이 소와 말에 물

현재의 중생사. 삼국유사에 등장했던 관음상은 현재 찾아볼 수 없으나
대신 우리나라에서 가장 오래된 것으로 추정되는
지장보살을 본존으로 하는 마애삼존불상이 새겨져 있다.

건을 잔뜩 싣고 와서는 시주를 자청하는 것이 아닌가? 그들은 김해에서 왔으며 김해까지 시주를 부탁하러 온 중생사 스님의 청에 의해 보시하러 왔다고 했다. 성태 스님은 중생사에는 자기 밖에 없으므로 김해까지 갈 사람이 없기 때문에 아마도 잘못 찾아온 것 같다고 말했으나 그들은 조금전 중생사 근처 신견정神見井에서 그 스님이 이리로 가라고 일러주었으니 틀림없다며 법당에 들어갔다. 그런데 그곳에 봉안된 관음보살을 보고는 자신들에게 시주를 구하러 온 스님이 바로 저 관음보살이라며 깜짝 놀라는 것이 아닌가? 결국 중생사 관음보살님이 김해에까지 모습을 드러내셨던 것이다. 이를 통해 보면 중생사 관음상은 여성적인 외모이면서도 비구스님으로 분장해도 그럴 듯한 얼굴을 지니신 분이었을 것이다(시주를 다녔던 스님이 비구니 스님이라는 말은 없기 때문이다).

마지막에 추가된 또 하나의 이야기는 직접 관음보살이 모습을 나툰 것은 아니다. 1173년에 이 절에 머물던 점숭占崇이란 스님은 불력이 깊었지만 글을 읽을 줄 몰랐다. 그런데 이 절을 탐낸 한 승려가 점숭의 이러한 약점을 노려 친의천사襯衣天使를 찾아가 점숭이 주지 자격이 없다고 모함했다. 이 친의천사가 누구인지, 어떤 직책인지는 알 수 없으나 아마 불교 교단에 관한 분쟁을 처리하는 관리가 아니었나 생각되는데, 여하간 진상을 조사하러 나온 친의천사가 시험 삼아 점숭에게 의례문을 거꾸로 주며 읽어보라고 하니 점숭이 술술 읽어 내려갔다. 천의천사는 점숭이 스스로 읽을 줄 몰라도 이 절 관음보살께서 보살펴 필요할 때 읽게 하시는구나 싶어 점숭이 계속 주석하도록 했다는 이야기다.

『삼국유사』에는 많은 기적 이야기가 나온다. 그러나 '삼소관음중생사'가 주목되는 이유는 다른 기적은 부처님이나 보살님이 직접 나타난 기적을 다룬 반면 여기서는 관음보살상 자체가 기적을 일으켰다는 점이다. 이는 '관음보살'과 '관음보살상'은 사실상 동일한 존재라는 것을 보여줌으로써 '상'이 가지는 신성성을 직접적으로 드러낸 것이다. 이를 통해 점차 불상이 단순히 공양을 바치는 대상에 머무는 것이 아니라 스스로 기적을 일으키는 존재로서 그 중요성이나 신성성이 점차 커지고 있었던 상황을 엿볼 수 있다. 아쉽게도 중생사의 십일면관음상은 현존하지 않지만, 중생사가 위치한 낭산 일대에서 출토되었다고 하는 현존하는 십일면관음보살상이나 십일면관음보살상으로 추정되는 상들을 보면 일세를 풍미한 중생사 관음상의 흔적을 읽어볼 수 있다. 이들 보살상의 여성적이며 풍만하고 그러면서도 당당한 모습을 보면 이런 설화가 충분히 나올 만했다며 고개가 끄덕여진다. 중생사의 삼소관음보살님은 지금 어디서 다섯 번째 이야기를 쓰고 계실까?

◀ 우리나라 십일면관음상을 대표하는 석굴암 〈십일면관음보살상〉, 8세기 중엽.

▶ 〈십일면관음보살입상(十一面觀音菩薩立像)〉, 통일신라시대, 석조, 높이 200cm, 국립경주박물관 소장. 중생사 관음상이 어떤 모습이었을지 짐작해볼 수 있다.

굴불사지 사면석불 중 선각 〈십일면천수관음(十一面千手觀音像)〉.
십일면관음 도상은 천수관음 도상과 결합되는 경우가 많았다.

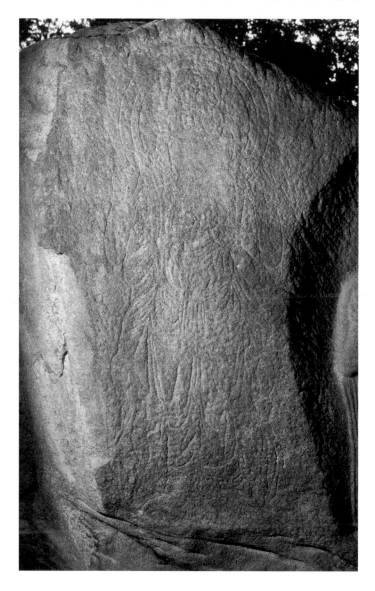

황복사와 신문왕

신문왕릉은 어디인가?

2017년 무렵 경주에서는 매우 흥미로운 발굴 소식이 전해졌다. 경주 낭산 자락 구황동에 위치한 황복사지皇福寺址 동편 경작지에 방치된 왕릉터 발굴에 관한 것이었다. 이 터는 일찍이 일제 강점기에 신라의 왕릉급 무덤에서만 주로 발견되는 십이지신상十二支神像이 새겨진 호석이 발굴된 이후 많은 관심을 받아왔다.

　그런데 원래 십이지신상 호석이 발견된 곳은 왕릉과 같은 무덤 자리는 아니고, 인근에 위치한 절터에 속한 건물지, 그중에서도 금당 같은 중요한 건물 기단에 해당하는 장소였다. 건물 기단부에 십이지신상이 새겨진 예는 아직 알려진 바 없지만, 그 당시에는 뒤에 석탑이 있는 것으로 보아 절터가 확실하며, 그에 속한 지역이니 불교 건물지로 보는 게 당연한 일이었는지도 모르겠다. 더불어 그 건물지 앞쪽으로는 또 다른 석조 건축부재가 둥그스름하게 널려 있어서 그곳은 건물지 앞에 있었던 목탑지가 아니겠는가 추정되기도 했다.

　특히 1937년에는 이 절터 인근에서 '황복皇福' 명문이 있는 기와가 수습되어 이 절을 황복사로 추정하게 되었다. 또한 동국대 경주캠퍼스 박물관에 소장된 '왕복王福' 명문이 있는 기와 역시 이 근처에서 수습된 것으로 전해진다. 이들 기와가 정식 발굴 과정에서 출

◀ 〈황복사지 삼층석탑〉.

▼ 〈황복사지 삼층석탑〉 출토 사리함 뚜껑
의 명문.

▲ 발굴로 전모가 드러난 황복사터 및 폐왕릉터 전경. (출처: 성림문화재연구원)

▼ 최근 발굴된 황복사지 동편 신라 왕릉터 항공 사진. (출처: 성림문화재연구원)

토된 것은 아니어서 이 절터는 "구황동사지九皇洞寺址", 혹은 "전傳 황복사지" 등으로 불리는데, 만약 황복사가 맞다면 이는 신라에서 매우 중요한 절이라는 점에서 의의가 자못 크다.

『삼국유사』에 의하면 황복사는 의상 스님이 열아홉 살인 644년에 출가한 절이다. 또한 스님이 당나라 유학을 마치고 돌아와 양성한 수많은 제자 중에서도 특출했던 표훈表訓 스님이 머물던 곳이기도 하다. 『삼국유사』가 전하는 내용은 다음과 같다. 황복사에서 스님과 신도가 모여 탑돌이 의식을 거행하는 가운데, 의상 스님인지 혹은 표훈 스님인지 분명히 언급되지는 않았지만 여하간 이 탑돌이를 주관한 스님이 공중에 떠서 탑을 돌았고 그 위신력으로 함께 따르던 무리도 공중에 떠서 탑돌이를 했다. 또한 이렇게 공중에 떠서 돌기 때문에 탑에 계단이 필요하지 않았다는 설명을 덧붙였다.

탑에 계단이 없었던 모양인데, 원래 계단이 있어야 한다는 이야기라면 아마도 그 탑은 석탑은 아니었을 것이다. 석탑에는 기본적으로 계단이 없기 때문에(불국사 다보탑 같은 예외가 있기는 하지만) 특별한 이유로 계단을 설치하지 않은 『삼국유사』 속 황복사탑과는 사정이 다르다. 따라서 원래는 계단이 있어야 하는 탑이라면 기단 사방에 계단이 놓이는 목탑이었을 가능성이 높다. 하지만 현재 이 절터에는 석탑만 남아 있으니, 만약 십이지신상 호석을 두른 건물이 금당이라면 그 앞에 별도로 목탑이 있었다고 가정하는 것이 자연스럽다. 그것도 돌이 둥글게 둘러 있는 형상이어서 팔각형 목탑으로 보기도 했다.

그 후 1942년에 절터에 남아 있는 삼층석탑을 해체 수리하는 과정에서 2층 지붕돌 위에 봉안되어 있던 사리함이 발견되었다. 사리함 뚜껑에 쓰인 장문의 명문을 통해 이 탑은 692년 신문왕이 세상을 떠나자 왕비 신목왕후와 뒤이어 즉위한 효소왕이 신문왕을 추모하기 위해 세운 석탑임이 밝혀졌다. 당시 효소왕은 여섯 살에 불과해 어머니 신목왕후가 섭정했다.

이를 바탕으로 살펴보면, 그리고 이 절이 정말 황복사가 분명하다면, 이 절은 의상 스님이 644년 출가하기 이전에 이미 존재하던 절이며, 이후 692년에 신목왕후와 효소왕이 추가적으로 탑을 세웠음을 알 수 있다. 의상 스님과 표훈 스님이 탑돌이 했다는 목탑이 계속 유지되었다면 이론적으로는 황복사에 탑이 두 기 있었던 셈이다. 현재까지 이어진 발굴 결과 쌍탑지가 추가로 드러났으며, 규모도 매우 광범위하게 펼쳐진 사찰이었음이 확인되었다.

그런데 이 절터의 건물지 기단부에 사용된 십이지신상 호석을 자세히 살펴보면 비록 현재는 직선인 기단부에 놓여 있지만 그 면이 완만하게 휘어 있어서 원래는 둥그런 어떤 축대에 놓이기 위해 만들어졌음을 알 수 있다. 더구나 다른 곳에서는 건물 기단에 십이지신상을 설치한 예가 없기 때문에 이 돌이 원래는 왕릉에 쓰이기 위해 만들어진 부재였다는 주장이 제기되었고, 팔각 목탑지 자리가 실은 목탑지가 아니라 왕릉이 있던 자리였을 가능성이 높아졌다.

즉, 어떤 이유로 왕릉이 폐기되고 나서 거기에 사용된 십이지신상 부재를 금당 기단부에 재사용한 셈이다. 또한 황복사에 신문왕을 위한 석탑이 세워진 이유는 인근에 신문왕의 능이 조성되었기 때문이며, 따라서 폐기된 왕릉은 신문왕릉이었을 것으로 보았다.

일반적으로 신문왕릉으로 전해지는
망덕사지(望德寺址) 동쪽의 왕릉.

이 왕릉은 왜 폐기되었을까? 이를 두고는 이 지역이 원래 홍수로 범람이 잦아서 어느 시점에서 더는 왕릉으로서 유지가 어려워졌을 것이라고 보았다.

그러던 차에 드디어 2017년에 이 폐기된 왕릉지 발굴이 이루어졌다. 발굴 결과 다소 뜻밖의 사실을 알게 되었다. 이 능은 왕릉으로 사용된 적이 없었다는 것이다. 그래서 발굴조사단은 이를 "가릉假陵"이라고 불렀다. '임시로 사용된 능' 정도로 볼 수 있을까. 말하자면 이 터는 원래 왕릉으로 조성을 시작했지만, 어떤 이유에서인지 전혀 사용되지 못하고 중간에 공사가 중단되면서 사용된 부재를 인근 황복사 건축에 재사용한 것이다.

이렇게 중간에 사용이 포기된 이유로 제34대 효성왕孝成王, 재위 737~742이 죽자 매장을 하지 않고 '법류사法流寺 남쪽에서 화장해 동해에 뿌렸다'고 한 점을 들어, 원래 효성왕의 무덤으로 사용하려다가 화장과 산골이 결정되면서 왕릉으로 사용되지 못하고 폐기된 것이 아닌가 추정되기에 이르렀다. 이러한 주장의 추가적인 근거로 지금까지 신라 왕릉에 처음 호석이 사용된 예는 제33대 성덕왕릉으로 보고 있었는데, 만약 이 왕릉터가 제31대 신문왕의 능이라면 그보다 앞서 십이지신상 호석을 두른 사례가 되는 셈이지만, 십이지신상의 양식으로 보면 성덕왕릉의 십이지신상보다 앞선 양식으로 보기에는 무리가 있다는 것이다. 참고로 성덕왕릉의 십이지신상은 부조가 아니라 완전한 입체로 조각된 원각상圓刻像이다. 가장 먼저 원각상으로 성덕왕릉에 배치되고 이후 보다 단순한 부조상으로 배치되는 방향으로 신라 십이지의 흐름을 파악한 것으로 보이며,

충분히 개연성 있는 추정이라고 생각된다.

그럼에도 황복사 가까이의 이 왕릉터를 신문왕릉과 연관된 유적으로 본다는 전제하에 『삼국유사』의 「신주神呪」편 '혜통항룡惠通降龍' 조에 등장하는 신문왕릉에 관한 내용을 읽어본다면 또다른 얼개가 읽혀진다. 이에 의하면 신문왕의 사후 능을 조성하기 위해 공사를 하는데, 인근에 정공鄭恭이란 사람 집의 버드나무가 가로막혀 이를 베어버리려고 하자 정공이 "차라리 내 머리를 벨지언정 나무는 벨 수 없다"고 완강하게 거절했다는 내용이다. 이에 노한 효소왕은(아마도 섭정했던 효소왕의 어머니 신목왕후가 노하지 않았을까) 실제로 정공의 목을 베어버렸다.

이후 신문왕릉 공사가 재개되었는지 여부는 더 이상 언급되지 않는다. 공사가 재개되었기 때문에 별말이 없었던 것이라 생각되지만, 이번 발굴에서처럼 만들다 만 무덤이 나오면 이야기가 조금 달라질 수 있다. 우선 왕릉을 조성하는데 신하가 나무 한 그루 때문에 이를 방해한다는 설정 자체가 특이하다. 물론 『삼국유사』는 이것이 정공을 미워한 독룡이 일부러 그 나무에 들어가 정공이 스스로 그 나무를 사랑하게 하여 죽음에 이르게 함으로써 복수한 것으로 풀이하고 있다. 그러나 이 사건은 단순히 정공의 버드나무 하나로 끝날 일이 아니었을지도 모른다. 신문왕의 무덤을 놓고 당시 모종의 갈등이 있었다는 것을 암시하는 것은 아닐까?

비록 정공을 죽이고 그의 집을 완전히 무너뜨려 흙으로 덮어버렸지만, 또한 버드나무도 베어냈겠지만, 만일 정공 한 사람의 문제가 아니라 더 큰 사건으로 확대되었다면 결국 신문왕릉은 조성되지 못했을 수도 있다. 정공과 가까웠던 혜통 스님이 결국은 효소왕 일가와 화해하게 된다는 내용도 어느 선에서 갈등이 봉합되었음을 의미하는 것일 텐데, 그것이 혹시 주살당한 정공을 복권시키고 신문왕의 능을 다른 데 사용하기로 한 것과 연관이 있지는 않을까? 이후 헐린 정공의 집터를 황복사에 귀속시킨 것은 아니었을지.

『삼국유사』를 통한 고대사의 수수께끼는 서로 긴밀히 연결되어 있다. 확실한 것은 일단 황복사지 석탑은 신문왕을 위해 세워진 탑이라는 것이다. 만약 황복사 동쪽 왕릉터가 신문왕을 위해 조성되려던 것이 맞다면, 그 근처에 『삼국유사』에 등장하는 정공의 집과 그가 그토록 아꼈던 버드나무가 있었을 것이다. 또한 그 절터가 황복사의 터가 맞다면 의상 스님이 출가하고 제자들과 탑돌이 했던 탑도 그 근처에 있었을 것이다. 그렇다면 황복사는 유가종 사찰로 알려져 있는데, 왕릉 조성을 반대한 정공과 친했던 혜통이 밀교계 승려였던 것이 이 일련의 사건과 연결된 것은 아니었을까? 더구나 십이지신상 호석을 두른 건물지는 분명 왕릉이 용도 폐기된 이후에 세워졌을 텐데 그렇다면 황복사가 이때 중창된 것일까? 아니면 신문왕을 추모하기 위해 황복사 옆 별도 공간에 새롭게 건물이 지어진 것일까?

인과관계가 있는 것 같기도 하고 없는 것 같기도 한 이 낭산을 둘러싼 사건은 우리에게 많은 연구거리를 던져준다. 이어진 황복사지 발굴로 황복사의 거대한 실체가 드러난 만큼 이 문제도 차츰 풀려나갈 것으로 기대된다. 그러나 종종 그래왔듯 오히려 더 오리무중으로 빠질지도 모른다.

유가종의 태현과
화엄종의 법해

신라 고승의 마법 대결

『삼국유사』「의해」편 '현유가해화엄賢瑜伽海華嚴' 조는 경덕왕 대 고승의 마법 대결 이야기다. '현유가'의 '현'은 태현太賢(『삼국유사』에서는 大賢으로 표기하고 있다) 스님으로 신라에 유가종파를 개창한 승려이고, '해화엄'의 '해'는 법해法海 스님으로 화엄종에 속했다. 이야기는 태현 스님부터 시작한다. 태현 스님은 경주 남산 용장사茸長寺에 머물고 계셨는데 그곳에는 석조미륵장륙상이 있었다. 그런데 태현 스님이 미륵불 주변을 도는 의식을 할 때마다 미륵불의 얼굴이 태현 스님을 돌아다보았다는 것이다. 여기서 통일신라시대 같은 고대 불교에서는 탑돌이 하듯이 불상 주변을 도는 요잡繞匝 의례가 일반적인 예불 방법이었음을 알 수 있다. 오늘날에는 법당에서 불단을 돌면서 예불 드리지 않지만 원래는 탑돌이와 마찬가지로 불단을 도는 것이 일반적이었을 것으로 연구자들은 추정하는데, 이러한 자료를 통해 그 면모를 엿볼 수 있다.

불상이 태현 스님을 바라보며 고개를 돌렸다는 이야기는 설총이 아버지 원효 스님의 소조상을 향해 절을 하면 고개를 돌려 그를 바라보았다는 설화를 연상케 한다. 말하자면 이렇게 고개를 돌려 예배자를 바라본다는 것은 그 예배자를 매우 아끼거나 친근히 여긴다는 뜻으로 받아들일 수 있다. 미륵불상이 태현 스님을 얼마나 애틋하게 생각했는지를 엿볼 수 있다는 것이다.

태현 스님이 미륵불을 예경했다는 것은 유식학파에서 미륵을 종조宗祖로 생각하는 전통과 관련이 있다. 유식불교를 근간으로 하는 유가종의 실질적 창시자는 무착(아상가)과 세친(바수반두) 형제 스님으로 알려져 있지만 이 스님들이 유식의 근본 개념을 미륵에게서 배웠다고 주장했기 때문에 유가종파에서는 이처럼 미륵을 주존으로 봉안한 것으로 이해되고 있다. 한편 유가종에 속한 승려는 '유가사瑜伽師'라 불렸다. 중국에서는 인도에 다녀온 삼장법사 현장이 유가종을 핵심으로 하는 법상종을 확립한 이후 우리나라에서는 태현 스님이 그 종파에 속했던 것이다.

그런데 마침 남산 용장사에는 매우 특이한 석불상이 한 구 전한다. 사실 불상 자체는 일반적인 석불좌상일지 모르지만 그 불상이 올라가 있는 대좌臺座가 마치 불탑의 상륜부처럼 둥그런 원판 세 개가 겹겹이 쌓여 있는 형태라는 점에서 매우 독창적이고 유일하다. 태현 스님이 요잡 의식을 했다는 미륵불상은 장륙상이었다고 『삼국유사』는 기록하는데, 장육은 1장 6척이므로 대략 5미터 정도 크기인 셈이다. 비록 용장사 석불상 자체는 높이가 1.41미터이니 상대적으로 큰 불상은 아니지만 이 독특한 대좌 높이를 합하면 4.56미터가 되므로 장륙상에 가까운 높이다. 따라서 많은 연구자들은 이 불상이 바로 태현 스님을 따라 고개를 돌렸다는 바로 그 장륙미륵불상일 것으로 보고 있다.

물론 원래 장륙상이라고 할 때는 불상의 키 높이만을 이야기 하지만 대좌가 이렇게 특이하다보니 불상이 지금처럼 높은 곳에 앉아 계신 형상이 되었고, 대좌까지 합해 장륙 높이라 지칭한 것이 아닐까 하는 추정은 무리 없어 보인다. 더구나 대좌가 마치 빙글빙글 돌기라도 할 것처럼 원형이라는 것이 강조되어 있으니 이 불상 주변에서 요잡 의식을 하거나 불상이 돌아다보는 것을 상상하는 것도 그다지 어렵지 않다. 따라서 이 불상이야말로 『삼국유사』 속 불상이라는 심증을 더욱 굳힌다. 한편 일본 교토 에이칸도永觀堂에는 고개를 돌려 뒤를 돌아보는 유명한 아미타불상이 봉안되어 있으며 고려 불화에도 뒤돌아보는 아미타불이 묘사된 것이 있는데, 아마 용장사 미륵상이 고개를 돌려 태현 스님을 바라보았다는 전설에서 그 시원적 모습을 찾을 수 있을 것 같다.

여하간 남산 골짜기 용장사에 머물던 태현 스님을 753년 경덕왕이 궁궐로 불러낸 이유는 지독한 가뭄으로 나라가 어려움에 처하자 『금광명경金光明經』 강독회를 열어 비를 내리게 하기 위해서였다. 당시에도 비를 내리게 하기 위해 정화수를 떠놓고 의식을 치렀던 모양인데, 어쩐 일인지 물을 뜨러 간 사람이 영 돌아오지를 않았다. 태현 스님의 의식을 돕던 감리가 왜 이렇게 늦어지냐며 닦달하자 나라 전체가 가물어 궁궐 우물까지 말라버렸기 때문에 물을 뜰 곳이 없다는 대답이 돌아왔다. 그 말을 들은 태현 스님은 "왜 얼른 말하지 않았는가"라며 향로에 향을 피우니 말라버렸던 궁궐 우물에서 물이 솟구쳐 오르는데, 『삼국유사』는 그 솟구친 물의 높이가 7장이나 되어 건물의 찰당刹幢 높이에 이르렀다고 전한다. '찰당'이란 보통 탑의 꼭대기에 솟아 있는 찰주擦柱 부분을 말하는데, 비유적으로 높이를 설명한 것일 수도 있지만, 혹 태현 스님이 기우제 의

◀〈경주 남산 용장사곡 석조여래좌상〉, 통일신라시대, 보물 제187호.
▶ 교토 에이칸도의 고개 돌린 〈목조아미타여래입상〉 스케치. 11~12세기, 높이 77.7.cm.

경주 반월성 숭신전터에 있는 우물과 그 내부.
태현 스님이 물을 치솟게 했다는 '금광정'이 바로 이 우물이 아닐까?

식을 치르던 곳 근처에 실제로 불탑이 있었을 가능성도 있다. 장소가 궁궐이었던만큼 내불당 기능의 공간이었을지도 모르겠다. 여하간 7장이면 21미터 가량이니 결코 작지 않은 탑이나 건물이다. 사람들은 태현 스님이 『금광명경』을 설하기 위해 왔다가 이런 기적을 일으켰다고 해서 이 우물을 '금광정金光井'이라 불렀다. 마침 신라 궁궐터인 반월성半月城 안에 우물이 하나 있는데, 현재는 석탈해왕昔脫解王, 재위 57~80에게 제사를 지내던 숭신전崇信殿터로 알려진 곳이다. 이 우물은 매우 깊으며 불상의 수미좌처럼 생긴 네모난 돌로 장식이 되어 있는데 혹시 이곳이 전설의 금광정인지도 모른다.

한편 경덕왕은 이듬해인 754년에 화엄종의 고승 법해 스님을 황룡사에 모셔 화엄경 강론을 부탁했다. 그런데 이때 경덕왕이 그만 법해 스님의 심기를 거슬리게 하는 발언을 하고 말았다. "작년에 보니 태현 스님은 궁궐 안 우물의 물을 7장이나 솟구치게 하는 도력을 지니셨던데, 스님의 도력은 어느 정도이신가요?" 점잖던 법해 스님도 이 말에 자존심이 상했던 모양이다. 법해 스님은 "왕께서는 무슨 그런 일로 호들갑이십니까. 저는 동해를 기울여 토함산을 넘어 경주 시내를 다 잠기게 할 수도 있습니다"라고 응수했다. 이에 경덕왕은 이 스님은 허풍이 세구나 하는 표정을 지었나 보다. 그러자 법해 스님이 말없이 법당의 향로를 조금 끌어당기자 잠시 뒤 궁궐에서 난리가 났다는 소식이 들려왔다. 『삼국유사』에는 "궁궐 동쪽 연못이 넘쳐 내전이 떠내려갔다"고 했는데 궁궐 동쪽 연못이면 틀림없이 월지月池를 뜻하는 것으로 보인다. 반월성, 월지 그리고 황룡사는 대각선으로 서로 연이어 있으니, 아마도 법해 스님이 황룡사에서 법회 중에 마법을 자랑하셨다면 당연히 가장 먼저 월지가 영향을 받았을 것이다.

이에 경덕왕이 소스라치게 놀라자 법해 스님은 "동해를 기울이기 전에 수맥을 잠시 불렀을 뿐입니다"라고 웃으며 말했는데 그제야 경덕왕은 법해 스님의 위력을 알아보고 정중히 절을 올렸으며, 법해 스님도 장난을 그만두었다. 나중에 알고 보니 동해가 정말로 기울어 동해안에 있는 감은사 금당 앞까지 물이 들어올 정도였다는 보고가 들어왔다. 이날 법해 스님이 주관한 황룡사 화엄경 강설회는 이렇듯 많은 화제를 뿌렸을 텐데 마침 이때 화엄경 강론회를 기념하는 그림이 그려져 그 일부가 전해져 내려오고 있다. 바로 리움미술관에 소장된 〈대방광불화엄경변상도大方廣佛華嚴經變相圖〉로 연기緣起 법사라는 분이 발원해 만들었다고 되어 있다. 아마도 법해 스님과 함께 이 대형 의식을 주관한 분이 아닌가 한다.

언뜻 보기에 태현 스님과 법해 스님의 마법 대결은 법해 스님의 승리로 끝난 것 같다. 태현 스님은 우물물을 솟아나게 한 정도지만 법해 스님은 동해를 기울였으니 말이다. 그러나 여기서 두 스님이 신통력을 겨루는 데 초점을 맞출 일은 아니다. 태현 스님은 단지 꼭 필요한 부분에 마법을 썼을 뿐이고, 법해 스님은 자신과 태현 스님을 비교하니 어쩔 수 없이 조금 맛만 보여주었을 뿐이었기에 이 사건을 유가종과 화엄종이 서로 다투거나 대결을 펼치는 상황으로 볼 일도 아니다. 그러니 누가 이겼다 졌다를 따지는 것은 무의미하다.

앞서 의상 스님에 대한 기사를 살펴보면서 원효와 의상 스님

▲ 〈대방광불화엄경변상도〉, 754~755년, 자색닥종이·금은니, 25.7×10.9cm, 24.0×9.3cm, 리움미술관 소장. (주아난 작도) 754년 법해 스님이 동해를 기울게 했다는 황룡사 화엄법회를 기념해 제작된 것으로 보이는 현존 최고(最古) 사경이다.

▼ 신라 궁궐인 월성(아래)과 그 동쪽의 월지(중앙), 그리고 다시 그 동쪽의 황룡사(우측 상단).

이 원래는 법상종을 배우러 당나라 유학길에 올랐다고 설명한 바 있다. 이처럼 화엄종은 유식학적 방법론에 바탕을 두고 있다. 이는 티베트의 밀교는 물론 달마達磨 대사가 중국에 전한 선종도 마찬가지다. 달마 대사가 중국에 가르침을 전하며 자주 인용했다는『능가경楞伽經』역시 유식불교의 중요한 소의경전所依經典 중 하나다. 이처럼 유식은 화엄과 밀접하게 연관되어 있었기에 법해 스님이 굳이 태현 스님과 도력을 다투려는 뜻은 없었으리라. 그럼에도 이러한 설화를 통해 문무왕 대의 밀교승 명랑 법사뿐 아니라 유가종과 화엄종 스님의 마법 또한 대중에 널리 회자되었음을 엿볼 수 있었다. 명랑 법사가 서해에 풍랑을 일으켜 당의 수군을 물리친 것이나, 태현 스님이 우물에서 물을 다시금 솟구치게 하여 가뭄을 그치게 한 것이나, 법해 스님이 동해를 기울여 불력의 힘을 과시한 것이나 어느 하나 뒤처지지 않는 물의 마법이었다. 찬한다.

삼장 법사 옮겨온 장안의 유식 나무
열매는 신라 남산 용장골에 열렸네
다시금 법상의 심오한 이치 통달하여
미륵의 고개 돌릴 유가사 그 누구인가

깨어진 석굴암 천장돌

신라 스토리텔링 기법의 모범

『삼국유사』「효선」편 '대성효이세부모大城孝二世父母', 즉 '김대성이 전생과 현생의 두 부모에게 효도하다'라는 이야기 속에서 석굴암 공사의 마지막 단계는 이렇게 기술되고 있다.

> 장차 석불을 조각하고자 하여 큰 돌 한 개를 다듬어 감실 뚜껑龕盖을 만들다가 돌이 갑자기 세 쪽으로 갈라졌다. 화를 내다 잠시 잠이 들었는데 밤중에 천신이 강림하여 다 만들어놓고 돌아갔다. 대성이 막 자리에서 일어나 남쪽 고개로 내달려가 향나무 불을 피워 천신을 공양하였다.

원문에도 이 부분은 '석불을 조각하고자 하여'로 되어 있지만 아마도 '석굴을 만들고자 하여'의 뜻이 아니었을까 생각된다. 왜냐하면 문제가 된 돌은 석불상과는 직접적인 연관이 없고, 석굴 자체를 조성하는 데 결정적인 역할을 하는 돌이기 때문이다. 감실 뚜껑, 즉 원문에 '감개'라고 한 것은 아치나 돔 같은 건축 구조물의 맨 꼭대기에 들어가는 돌을 말한다. 이를 흔히 '키스톤Keystone'이라고 하는데, 이 돌이 가장 중심에서 무게를 받아 아치나 돔을 지탱하기 때문에 그만큼 중요하다는 의미에서 붙여진 이름이다.

이 돌은 돔의 모든 부분을 다 쌓은 다음 마지막에 중앙에 집어

▲ 석굴암 후실 천장 전경. 가운데 둥근 덮개돌을 중심으로 주변으로 방사상으로 펼쳐진 둥근 돌이 소위 '돌못'이라고 부르는 부재다. 덮개돌이 세 조각으로 갈라져 있다.

▼ 일제 강점기 석굴암의 무너진 천장 위쪽으로 돌못 부재가 어떻게 덮개돌을 받치고 있는지 확인할 수 있다.

▲ 경주 월정교지 석조 축대에 사용된 돌못의 예. 석굴암은 이 돌못을 천장에
응용한 독창적 사례다.

▼ 석굴암 돔과 돌못의 원리를 알기 쉽게 도해한 모형. 살짝 들쳐 올라간 돌못
이 일종의 지렛대 역할을 한다.

넣는 것이므로 이 단계에 이르렀다는 것은 석굴암 공사가 막바지 단계였음을 의미한다. 그런데 이 돌이 깨졌다는 것은 석굴의 전체 조성에 있어 심각한 문제가 생겼음을 암시한다. 이 돌을 완성해 얹음으로써 돔을 완전히 덮기 전까지는 완공된 것이 아니기 때문에 공사 완결에 차질이 생긴 것이다.

그런데 천신이 나타나 이 돌을 완성시켜놓고 돌아갔다고 했다. '필조畢造', 즉 '조각을 마치다'라고 표현했는데, 단순히 이 돌은 구조적 역할만 하는 것이 아니라 자세히 보면 마치 연꽃과 연밥을 위에서 바라본 모습을 하고 있어서 정교한 조각에 가까우므로 조각을 완성했다는 표현을 썼을 것이다. 그럼에도 기본적으로 문제가 된 것은 돌이 세 쪽으로 갈라졌던 사실이기 때문에 이 문제를 해결하지 않고서는 조각을 할 수 없었을 것이므로, 결국 천신은 우선 이세 개로 갈라진 덮개돌을 붙여놓는 작업을 한 뒤에야 연꽃 모양 조각을 완성했을 것이다. 자고 일어나 보니 전날 세 개로 쪼개진 덮개돌이 서로 붙어 있었고, 조각까지 완성된 단계로 석굴암 건립에 참여한 장인을 기다리고 있었던 상황인 셈이다.

그런데 더 놀라운 것은 실제 석굴암의 이 덮개돌에 세 조각으로 갈라진 흔적이 뚜렷하다는 사실이다. 『삼국유사』의 설화를 그대로 믿는다면 이 갈라진 돌이야말로 천신이 붙여서 조각을 완성한 바로 그 덮개돌이란 이야기다. 물론 이 설화를 있는 그대로 믿는 사람은 별로 없을 것이다. 그저 지어낸 이야기에 불과할 수도 있다. 그러나 왜 이런 이야기가 만들어졌는지는 학문적으로 진지하게 고민해볼 필요가 있다.

우선 생각해보자. 만일 『삼국유사』에 기록된 것처럼 실제 이 돌이 돔의 중앙에 얹히기 전에 갈라졌다면, 그야말로 천신이 천상의 접착제로 단단하게 붙여놓지 않는 한 이를 그대로 덮개돌로 올려 사용하기란 불가능했을 것이다. 당시 기술로는 갈라진 돌 여러 조각을 동시에 돔 중앙부에 끼워 넣기는 어려웠을 것이며, 그렇다고 따로따로 끼워 넣는 작업도 구조적으로 무리가 있을 수밖에 없다. 따라서 제작 공정 측면에서 본다면 실제 덮개돌은 깨어진 것을 붙여서 올린 것이 아니라 멀쩡한 상태로 돔 중앙에 끼워 넣었지만 돔을 구성하는 석재의 엄청난 무게 때문에 사방에서 강한 압력을 받아 천장에 고정된 상태에서 균열이 간 것이 아닐까 추정해볼 수 있다.

실제 석굴암의 돔은 매우 특이한 구조를 하고 있다. 돔이란 아치 구조를 회전시켜 둥그렇게 만든 천장을 뜻하는데, 석굴암은 여기에 다시 독특한 돌 부재를 끼워 넣었다. 아래서 올려다보면 둥글둥글하게 튀어나온 부분이 있는데, 이는 길다란 돌 부재를 마치 못을 박은 것처럼 돔 안으로 끼워 넣을 때 못 머리에 해당하는 부분이다. 그래서 이 부재를 '돌못'이라고도 부른다. 이 부재는 돔 밖으로 길게 튀어나오면서 일종의 지렛대 역할을 하며 돔을 보다 안정적으로 떠받치는 역할을 한다. 이렇게 돔에 첨가된 보강재가 석굴암 불상이 완벽하게 보존되도록 보호해준 석굴을 지탱하는 데 큰 역할을 했을 것이라고 생각된다.

매우 특이한 이런 구조는 어디서 왔을까? 돌못의 사용은 감은사지나 월정교지月精橋址의 석조 축대에서도 일부 보이기는 한다. 그러

피렌체 〈산타마리아델피오레 대성당〉의 돔.
역사적인 시각으로 보면 걸작은 만들어질 수 있어서 만들어진 것이 아니라
만들어져야 했기 때문에 만들어진 것이다.

나 돌못을 천장에 적극 사용한 것은 석굴암을 제외하고는 전무후무한 일이다. 따라서 여기서 반드시 짚고 넘어가야 할 부분이 있다. 석굴암은 당시 기술로 지을 수 있어서 지은 건축이 아니라 반드시 지어야 했기에 가용한 모든 기술을 총동원해 만든 첨단 공법의 집합체라는 사실이다. 다시 말해 석굴암의 돔은 이탈리아 피렌체의 산타 마리아 델 피오레 대성당Cattedrale di Santa Maria del Fiore 돔처럼 불가능에 가까운 공사를 이루어낸 역작이라 하겠다.

산타 마리아 델 피오레 대성당의 마스터플랜은 원래 1296년 아르놀포 디 캄비오Arnolfo di Cambio에 의해 설계되었다. 그러나 당시만 해도 설계도상에 등장한 거대한 돔을 세울 만한 기술이 존재하지 않았다. 그럼에도 설계 자체에 매료된 피렌체 시는 성당의 본체 건물을 짓는 데만 100여 년이 걸릴 것이기 때문에 그동안 돔을 세울 기술이 개발될 것이라 낙관하고 설계도에 따라 공사를 시작했다. 결국 돔을 제외한 성당의 본체는 아르놀포 디 캄비오가 사망한 후 조토Giotto di Bondone 등에 의해 계승되어 우여곡절 끝에 1418년 완성되었는데, 그 당시까지도 돔을 세울 수 있는 기술은 개발되지 않았다. 때문에 돔 건설을 위한 공모가 열렸고 이때 로렌초 기베르티Lorenzo Ghiberti와 필리포 브루넬레스키Filippo Brunelleschi가 경합하여 여기서 당선된 브루넬레스키에 의해 새로운 공법으로 결국 돔이 완성되었다. 오늘날의 시각으로는 피렌체의 거대한 돔을 세울 수 있어서 세운 것처럼 보이지만, 실제로는 그것을 세울 수 있는 기술이 있었던 것이 아니라 어떻게든 세워야 했기 때문에 신공법을 개발하면서까지 완성시켰던 것이다. 석굴암 역시 그러했으리라. 석굴암이 아니면 이러한 공법을 달리 써먹을 곳도 없었을 듯하다.

역사적 시각으로 유물을 바라본다는 것은 이런 것이다. 막상 그것이 만들어지던 당시로 돌아가 보면 우리가 지금 당연하다고 생각하는 일들 하나하나가 모두 해결해야 할 과제였다. 석굴암 덮개돌에 균열이 발생한 것은 공사 중에 일어난 일이 아니라 공사가 끝나고 어느 정도 시간이 지난 후에 일어난 사건이 아니었을까. 너무나 새로운 공법이었기에 이 덮개돌이 받는 하중이 어느 정도일지 당시 건축가들은 정확히 예측하지 못했을 것이다. 돌못이 구조적으로는 안정적이었지만 그 돌 자체가 누르는 하중, 그리고 석굴암 전체를 덮은 돌무지가 누르는 하중 등을 정확히 산출하는 것은 어려웠기에 결국 덮개돌이 천장에 올라간 상태에서 균열이 생겼던 것 같다. 하지만 워낙 단단한 돔이 받치고 있었기에 그러한 균열에도 불구하고 붕괴되지 않고 안정적으로 최소 700년의 세월을 버텨온 셈이다(그야말로 『삼국유사』가 쓰인 시점으로부터 계산했을 때 700여 년이니 실제로는 훨씬 긴 세월을 버틴 것이다).

다만 이렇게 균열이 간 덮개돌조차 신라인일지 혹은 고려인일지 모를 당시 사람들은 그냥 놔두지 않았다. 그들은 이 균열마저도 신화로 만들었다. 『삼국유사』에 등장한 천신이 덮개돌을 붙여놓고 완성한 신화는 어쩌면 이 균열을 보고 사람들이 만들어낸 설화일지 모른다. 즉, 덮개돌 균열 설화는 이 균열의 원인을 알려주는 것이 아니라 균열마저 아름다운 사건으로 만들고 싶었던 당시 사람들의 상상력의 산물이었으니, 이야말로 고대 스토리텔링 기법의 모범인 셈이다. 특히 일연 스님이 이를 아주 오래된 이야기처럼 전하는 것으로 보아 아마도 고려 이전 통일신라 어느 시기에 균열이 이미 발생했을 것이라고 막연히 짐작해본다.

　오늘날 관광객이 석굴암을 찾는 것처럼 과거에도 수많은 사람들이 석굴암을 방문했고 그중 누군가는 이 갈라진 덮개돌을 설계상의 착오, 부실공사 등으로 보고 싶었겠지만, 석굴암의 스님들은 그런 이야기가 나올 때마다 『삼국유사』의 설화를 들려주며 실은 석굴암이 부처님의 가호 아래 세워진 증거라고 일깨워주지 않았을까? 그렇다. 브루넬레스키가 설계한 피렌체 대성당의 돔은 설계 당시의 이야기는 물론 『냉정과 열정 사이』라는 소설의 무대가 되는 등 많은 콘텐츠를 지니며 더더욱 유명해졌다. 석굴암 역시 그에 버금가는 콘텐츠가 『삼국유사』 속에 담겨 있다. 다만 이에 대한 인식이 그다지 높은 것이 아쉬울 따름이다.

　그렇다면 『삼국유사』의 천신 설화는 그저 허구에 불과한 것일까? 이에 대하여 찬하여 답한다.

　　명장의 공력에 천신의 마무리
　　누가 이를 일러 허구라 하는가
　　갈라진 채 버텨온 수백 년 세월이
　　이미 고스란히 신공神工인 것을

백월산의 미륵과 아미타

미완을 완결시킨 설화

『삼국유사』「탑상」편 '남백월이성 노힐부득 달달박박南白月二聖努
肹夫得怛怛朴朴'과 '남월산南月山' 조는 모두 아미타와 미륵을 함께 다룬
이야기를 담고 있다. 마침 하나는 백월산白月山, 하나는 남월산이라
는 '달'과 관련된 비슷한 이름을 달고 있는데, 앞의 백월산은 온통
판타지로 가득 차 있고, 다음의 남월산은 철저한 다큐멘터리다.

먼저 백월산은 지금의 창원에 있는 산으로 특이한 내력을 가지
고 있다. 중국 당나라 황제가 연못을 팠는데, 이상하게 보름달만 뜨
면 그 근처에는 없는 산 하나가 연못에 비치는 것이었다. 황제는 그
산을 그대로 그리게 하여 사방에 사람들 보내어 그것과 똑같은 산
이 어디에 있는지 알아오도록 했다. 결국 한 사람이 바다 건너 창
원 백월산을 발견하고 그것이 똑같은 산이라 생각되어 꼭대기에 신
발 한 짝을 걸어놓고 당으로 돌아갔다. 이 일을 황제에게 보고하고
보름날 연못에 비친 산을 보니 정말로 그가 걸어놓은 신발이 보이
더라는 것이다. 지어낸 이야기겠지만 낭만적이고 신비로우며 상상
력을 자극하는 이야기다. 중국은 동쪽의 우리나라를 이처럼 신비
함이 가득한 나라로 인식했던 모양이다.

여하간 백월산 동남쪽 마을에 노힐부득과 달달박박이라는 두 절
친한 친구가 살았다. 그들은 처자까지 거느렸음에도 그 뜻은 늘 불

도를 닦는 데 두어 결국 스무 살에 법적방法積房이란 곳에서 출가했다. 그래도 가족들의 생계를 책임지며 불도를 병행하던 어느 날 두 사람은 서쪽에서 부처님의 광명이 다가오더니 그 빛 안에서 금빛 팔이 나와 이들의 머리를 쓰다듬어주는 꿈을 동시에 꾸었다. 이 것이 단순한 꿈이 아님을 알고 이들은 이윽고 속세를 버리고 용맹정진하기로 결심하여 백월산으로 들어갔다. 금빛 팔이란 부처님 팔인데 부처님께서 이마를 만져주셨다는 것은 관정수계灌頂受戒, 즉 직접 제자로 받아들이셨음을 의미하는 것이다.

달달박박은 백월산 무등곡 북쪽 고개에 판자로 '판방板房'이란 암자를 지어 아미타불을 모시며 수행했고, 노힐부득은 동쪽 고개에 돌을 쌓아 '뇌방磊房'을 만들고 미륵불을 모시며 수행했다. 그러던 중 성덕왕 8년(709) 어느 날 갓 스무 살의 아리따운 여인이 달달박박의 판방 문을 두드렸다. 길을 가다 날이 저물었으니 하루만 재워달라는 것이었다. 달달박박은 수행에 방해가 되니 "자신을 시험하지 말라"며 단호히 거절했다. 여인은 똑같이 노힐부득의 뇌방 문도 두드렸다. 노힐부득이 "그대는 어디서 오는 길이오?"하고 물었더니, 여인이 "실은 길을 잃어 머물 곳을 찾는 게 아니라 그대를 깨달음으로 인도하려 함이니 내 청만 들어주시고 누군지는 묻지 마시오"라고 답했다. 노힐부득은 어두운 산에 여인 혼자 둘 수는 없으니 머물다 가라며 방에 들어오게 했다. 그러자 여인은 산기가 있다며 아이를 낳게 되는데 노힐부득이 여인의 출산을 도왔고, 이어 여인이 목욕을 원하자 목욕물도 데워주었다. 여인이 목욕통 안에 들어가니 갑자기 물이 금빛으로 변했다. 게다가 여인은 노힐부득에게 함께 목욕하길 권했고 노힐부득이 물에 몸을 담그자 곧 미륵불의 금빛 몸을 얻어 성불하게 되었다. 여인은 사실 관음보살의 화신이 었는데 노힐부득의 성불을 도우러 잠시 모습을 드러낸 것이었다.

단호하게 여인의 유혹을 뿌리친 달달박박은 이 유혹을 노힐부득은 뿌리치지 못했을 것이라 믿고 놀려줄 생각에 뇌방을 찾았는데 도리어 노힐부득이 성불해 미륵이 되어 있는 것이 아닌가? 이에 달달박박은 자신이 유혹을 뿌리치느라 그만 유혹의 경계 자체를 벗어나지는 못했음을 반성하고 그야말로 아무런 마음의 흔들림도 없이 여인을 맞이한 노힐부득을 부러워했다. 그러자 노힐부득은 아직 목욕통에 금빛 물이 남았으니 달달박박도 몸을 담궈보라고 권했다. 그대로 하자 달달박박 역시 성불을 이루어 아미타불이 되었다.

이 설화는 단순한 성불 설화 같지만, 성불을 이룬 부처가 다름 아닌 미륵불과 아미타불이라니 이 설화의 당돌함에 놀라지 않을 수 없다. 정말로 미륵불과 아미타불이 우리나라에 나타나신 것일까? 아미타불은 이미 성불하신 분이고, 미륵불은 아직 오지도 않으셨다. 그럼에도 이런 설화가 생겼다는 것은 여하간 당시 사람들이 이 설화를 믿고 있었음을 보여주는 것이다. 어떻게 이런 황당한 이야기를 믿을 수 있었을까? 힌트는 당나라 궁중 연못에 백월산이 비쳤다는 도입부에 있는지도 모르겠다. 우리 땅은 말하자면 물리학에서 말하는 차원을 이어주는 통로인 웜홀Wormhole 같은 것으로 인도나 중국과 연결되어 있어 시공을 초월한 일이 일어날 수 있다는 것이다. 그래서 백월산이 웜홀을 통해 중국 황제의 궁정 연못에 비췄던 것이다. 미륵불도 아미타불도 모두 이 공간을 타고 시공을 초월해 우리 앞에 모습을 나타내신 셈이다.

반세기가 지난 757년, 경덕왕은 이 설화를 기념해 이곳에 백월산남사白月山南寺라는 절을 세웠다. 764년에 공사가 끝나자 금당에 미륵불을, 강당에는 아미타불을 조성해 봉안했다. 특이한 것은 아미타불이 미륵을 뒤이어 성도할 때 목욕통의 물이 부족해 온몸이 금색으로 변하지 못하고 '얼룩진 부분이 있었는데 불상도 그랬다'라고 『삼국유사』에 기록된 점이다. 어찌 아미타불이 성불하는데 목욕물이 모자라 얼룩진 불완전한 아미타불이 되셨단 말인가? 이는 틀림없이 경덕왕 대에 만들어졌다는 아미타불이 어느 시점이 되어 점차 도금한 부분이 벗겨지자 후대 사람들이 만들어낸 이야기일 것이다.

많은 전설 가운데 누군가 멋진 작업을 이루기 위해 자신에게 며칠만 날짜를 달라고 하고는 절대 들여다보지 못하게 하는 경우가 종종 있다. 그리고 사람들이 꼭 약속한 날 전날 밤에 문을 열어보는 바람에 일이 미완성으로 끝나버린다. 이것은 어떤 작품이 지닌 결함을 미화시키기 위한 전형적인 설화 만들기 작업이다. 허접한 작품이라면 그런 이야기가 만들어지지도 않았을 테지만, 너무 훌륭한데 결함이 보이니 안타까운 마음에 사람들이 지어준 이야기가 아닐까. 비슷한 이야기가 부안 내소사來蘇寺에도 전하는데, 목수가 건물은 짓지 않고 부지런히 목재만 다듬는 것을 보고 동자승이 놀려주려고 부재 하나를 숨겼다는 이야기 또는 강진 무위사에서 벽화 단청을 하는데 들여다보지 말라고 했던 49일째의 마지막 날 문

▲ 〈감산사 석조미륵보살입상〉, 719년, 높이 270cm,
국립중앙박물관 소장, 국보 제81호.

▶ 내소사 대웅보전 대들보에서 첨차가 빠진 부분.

▼ 〈감산사 석조아미타불입상〉, 719년, 높이 275cm,
국립중앙박물관 소장, 국보 제82호.

▶▶ 부다가야 마하보디 사원의 항마성도상은 이처럼
가사를 둘러 불상의 몸이 잘 보이지 않는다.

을 열자 단청하던 새가 날아가버렸다는 이야기 등이다. 내소사의 설화에서 목수는 결국 첨차 하나를 빼고서도 건물을 지었다고 하는데, 실제 내소사 대웅보전 대들보에 첨차가 하나 빠진 곳이 있어 이를 두고 만들어진 설화임을 알 수 있다. 무위사 역시 후불벽화가 오래되어 눈동자가 박락된 부분이 있는데 이를 두고 만들어진 설화일 것이다.

이런 설화의 원형은 멀리 석가모니 부처님의 성도지 인도 부다가야의 마하보디 사원에 봉안되어 있던 항마성도상降魔成道像에 얽힌 전설에서도 찾아볼 수 있다. 『대당서역기大唐西域記』(646)에 의하면 어떤 브라만과 승도가 마하보디 사당에 석가모니 성도상을 만들어 봉안하려고 했는데, 이때 신비한 조각가가 나타나 재료와 등불을 사당 안에 넣어주고 6개월 동안 들여다보지 않으면 그 안에서 훌륭한 성도상을 만들어 놓겠노라고 했다. 그런데 사람들이 4일을 남겨놓고 궁금함을 참지 못해 그만 문을 살며시 열어보는 바람에 이 역작은 미완성으로 끝나게 되었다는 것이다. 그 장인은 사실 미륵보살의 화신이었고, 사람들은 미완성된 부분을 가리기 위해 불상의 몸에 목걸이 같은 장엄을 걸쳤다. 오늘날 마하보디 사당 안에 모셔진 성도상은 그때의 불상은 아니지만 지금도 비단옷으로 부처님을 감싸 놓은 것을 볼 수 있는데, 아마 그때부터 내려오던 전통이 아닌가 한다.

유명한 미국 건축가 프랭크 로이드 라이트Frank Lloyd Wright는 "걸작이란 그 완벽함 때문이 아니라 결점마저도 이해시킬 수 있는 설득력 때문에 걸작이 된다"라고 했다. 앞서 소개한 석굴암 천장돌 균열에 얽힌 이야기나 백월산 아미타불의 얼룩진 흔적도 결코 이들 걸작의 위대함을 감추지 못했고, 오히려 신화로 승화시켰던 것이다.

아쉽게도 백월산의 금당 미륵존상과 강당 아미타불상은 현재 전하지 않는다. 대신 「탑상」 편 '남월산' 조에는 감산사라는 절의 금당에 봉안되어 있던 미륵존상과 강당에 봉안되어 있던 아미타불의 광배에 새겨져 있던 명문을 상세히 기록하고 있어 주목된다. 감산사 불상은 719년에 만들어진 것인데, 경덕왕이 조성했다는 백월산남사의 상보다는 이르지만, 실제 노힐부득과 달달박박 스님의 성불이 있었던 709년보다는 조금 늦은 시기이니 그 중간에 걸쳐 있다 하겠다. 또한 금당에 미륵, 강당에 아미타불을 봉안하는 방식은 백월산남사의 경우와 동일하다. 다행히 일연 스님이 보고 기록에 남긴 이 남월산 감산사 불상은 현재 국립중앙박물관에서 고스란히 만나볼 수 있다. 보통은 글로만 남아 있고 작품이 없거나 그 반대인 경우가 많은데, 우리나라 미술사에서 아주 드물게 작품과 기록이 동시에 남아 있는, 그래서 특이한 사례다. 그러나 소상한 명문 기록에도 불구하고 『삼국유사』에 더 이상의 이야기는 없다. 다만 실제하는 조각상의 기록과 일연스님의 기록이 일치하므로, 나머지 『삼국유사』의 기록들도 일연 스님이 정확히 기록했을 것이라는 신빙성을 심어주기에 그 의미가 크다. 상상력이 풍부한 일연 스님도 이 장황한 문자 사료 앞에서는 그저 기록하기만 했으니, 너무 정확한 기록은 상상력을 잠들게 하는가 보다.

포천산의 다섯 비구

대중이 목격한 합동 성불의 기적

『삼국유사』에는 몇몇 성불 이야기가 등장한다. 불자들이 절에서 흔히 "성불하세요"라고 축원하며 인사하지만 실제 부처가 되려고 하는 사람은 없다. 심지어 큰스님이 입적하셨는데도 그저 "극락왕생하소서"라고 기원하니, 최소한 스님에게는 "성불하셨기를 기원합니다"라고 해드릴 법도 한데 부처가 된다는 것에 참으로 인색한 것이 아닌가 생각될 정도다. 이에 반해 『삼국유사』를 보면 과거에는 열심히 수행한 사람이 부처가 되었다는 이야기가 심심치 않게 전해졌던 모양이다. 부처가 된다는 것이 너무 가볍게 여겨져서도 안 되겠지만 현대 사회처럼 인색한 마당에는 종종 성불이 그렇게 멀리 있지 않다고 깨닫게 해주는 것도 큰 도움이 될 듯하다.

예를 들어 노힐부득과 달달박박의 성불 이야기가 대표적이고, 굳이 성불이라고 하지는 않았으나 욱면랑郁面娘이나 포천산布川山 다섯 비구는 높은 경지에 올라 하늘로 날아올랐는데, 이 정도면 성불 혹은 득도의 기사로 볼 만하다. 이 중 포천산 다섯 비구 설화는 몇 가지 점에서 특이한 점이 있다. 노힐부득과 달달박박도 사실 함께 수행하던 두 수행자가 함께 성불한 독특한 사례지만, 포천산에서는 그 수가 다섯이나 된다고 하는 점에서 그야말로 합동 성불식이라 할 만하다. 『삼국유사』「피은避隱」편에 실린 이야기를 정리하면 다음과 같다.

설화의 배경은 경덕왕 대 포천산으로 지금의 양산 천성산千聖山이다. 이곳에 마치 인공적으로 뚫은 것 같은 기이한 동굴이 있어서 다섯 비구가 아미타 염불 수행을 했는데, 어느 날 홀연히 성중聖衆이 서방으로부터 와서 이들을 맞이해 갔다는 것이다. 물론 노힐부득과 달달박박처럼 이들이 부처가 되었다고까지 하지는 않았지만 살아 있는 상태에서 서방극락으로 날아갔다는 것은 거의 성불 수준이라고 볼 만하다.

그런데 여기서 특이한 점은 우선 이렇게 서방으로 날아가던 다섯 비구가 그냥 그렇게 사라진 것이 아니라, 인근의 대찰인 통도사 문밖에 이르러 하늘에서 풍악이 울리는 가운데 많은 승려들이 보는 앞에서 그들이 깨달은 내용을 설하고 나서 서방으로 날아갔다는 점이다. 다시 말해 이러한 기적을 한두 사람이 본 것이 아니라 통도사 승려가 단체로 목격했다는 점이다. 기독교로 말하자면 성모의 발현을 온 마을 사람이 목격했다고 하는 '파티마의 성모' 기적이나 마찬가지인 셈이다. 실제로 통도사에서 이 사실을 목격한 승려가 꽤 많았기 때문에 이런 이야기가 나왔을 것이다. 따라서 이러한 기적이 당시로서는 상당히 신빙성 있는 사실로 알려졌음을 알 수 있다.

그런데 이름 없는 다섯 비구가 옹기종기 모여 수행하다가 성불을 이룩한 사실과 이것을 쟁쟁한 통도사 앞에서 지금으로 말하자면 '선전'까지 하며 왕생했다는 사실을 어떻게 받아들여야 할까. 경덕왕 대에 나름 저명한 승려들이 통도사에서 수행하고 있었을 텐데, 왜 이 스님들은 제쳐놓고 이름도 알 수 없는 승려들이 성불했을까. 다섯 비구가 수행하던 석굴은 지금의 양산 미타암彌陀庵으로 전해진다. 미타암은 통도사의 말사다. 당시도 미타암이 통도사의 말사인 암자였다면 말사에서 성불하고 본사에 보고하는 방식이었을 테니 그다지 이상할 것도 없다. 하지만 그런 경우라도 이 다섯 비구가 이름조차 알려져 있지 않을 정도로 통도사 주변 사찰에서 주목받지 못한 스님들이었다는 점은 의아하다.

따라서 왠지 이 서사구조는 한편으로는 기존 종교계에 대한 비판처럼도 들린다. 다시 말해 메이저 무대에서 정치적으로 활약하는 승려들이 아니라 마이너 무대에서 참된 수행을 하던 스님들이 오히려 더 빨리 깨달음에 이르렀다고 하는 당시 대중의 민심이 반영된 것이 아닌가 생각해볼 수 있다. 특히 이들이 통도사 하늘에 떠서 공중에서 설한 내용은 그저 "인생도 고통도 무상하다"는 극히 일반적인 불교 교리였다고 하니, 다른 복잡한 사상과 계파로 나뉜 불교계보다 근원에 충실한 것 하나만으로도 성불할 수 있음을 강조하여 기존 불교계를 일정 부분 비판한 것이 아니었나 하는 생각이 든다. 욱면 역시 종으로서 성불했다는 점에서 시사하는 바가 크다.

다섯이 함께 수행하다 일시에 성불했다는 점도 주목된다. 앞서 노힐부득과 달달박박도 함께 성불했지만 그래도 어느 정도 시간차를 두었다. 또 같은 성불이라도 노힐부득이 더 완벽한 성불의 모습을 보여주어 약간의 차등이 보이는 반면, 여기서는 동등한 일시 성불을 보여주고 있다. 그런데 막상 이렇게 합동 성불이 이루어진 점은 특이한 사례지만, 사실상 고대 불자들은 자주 이렇게 함께 '일시 성불'하기를 기원했다. 그런 간절한 바람이 있었기에 그 결과로서 포천산 다섯 비구 같은 설화가 등장했을 것이다.

예를 들어 경4년 신묘년景四年辛卯年 명문을 지닌 〈금동신묘명삼존불입상金銅辛卯銘三尊佛立像〉의 발원문이 대표적이다. 이 금동불상은 아마도 고구려에서 571년 무렵(필자는 631년까지 내려볼 수도 있다고 추정한 글을 쓴 바 있다) 제작된 것으로 추정된다. 명문의 내용을 보면 비구 도수道須(?)를 중심으로 선지식 나루那婁, 천노賤奴, 아왕阿王, 아거阿据(?) 등 5인이 그들의 돌아가신 스승과 부모를 위해 이 아미타불상을 조성했으며, 이들이 환생할 때마다 부처님 말씀을 들을 수 있기를 바람과 동시에 불상을 조성한 이들도 함께 한곳에 태어나 미륵을 만나 깨달음을 얻기를 기원하고 있다. 비구 도수는 스승인 어떤 스님을, 나머지 선지식은 부모를 추모하고 있으며, 이들은 어쩌면 어렸을 적 친구들이었으나 이후 도수가 출가해 비구가 됨으로써 나머지 친구들이 단월이 되어 함께 불도를 닦았을 것으로 생각된다. 그러한 그들이 내세에서도 만나 함께 수행하기를 발원한 것을 보면 매우 가까운 친구들이었던 것으로 보인다.

포천산의 다섯 비구는 바로 이들이 환생한 모습이라고 해도 될 정도다. 다섯 명이 모두 신라 양산 인근에서 태어나 한날한시에 깨달음을 얻었으니 각별한 인연이라 할 만하다. 시기적으로 따지면 600년을 전후한 시기에 신묘명 아미타불상을 발원한 다섯 친구가 경덕왕 대인 8세기 중반 무렵 미타암에서 성불한 것이니 대략 150년 정도 후의 일인 셈이다. 물론 이들이 정말로 전생과 후생의

◀ 〈양산 미타암 석조아미타여래입상〉, 높이 149cm, 보물 제998호.

▶ 〈감산사 석조아미타불입상〉, 719년, 높이 275cm, 국립중앙박물관 소장, 국보 제82호.

연관성이 있는지는 전혀 알 수 없다. 하지만 이렇게 다섯이 모여 작은 결사를 맺고 함께 도우며 수행하는 대승적 전통이 고대 사회에 있었고, 그 결과 이처럼 다음 생에 함께 태어나 깨달음을 얻었다고 하는 설화가 생겨나면서 더욱 용맹정진하도록 희망을 불어넣었던 것이 아닐까?

더구나 신묘명 불상 조성자들이 무량수불, 즉 아미타불을 조성했던 것과 마찬가지로 현재 미타암 석굴에는 아미타불로 추정되는 석불입상이 조성되어 있다. 이 불상 자체에는 아미타불이라는 명문이나 기록은 없지만, 마침 이와 거의 동일한 불상이 전하는데, 바로 앞서 살펴본 719년에 김지성金志誠이 조성한 경주 감산사 석조 아미타불입상이다. 석조미륵보살입상과 함께 조성된 이 불상은 광배 뒷면에 새겨진 명문을 통해 『삼국유사』「탑상」편 '남월산' 조에 기록된 그 불상이며, 존명이 아미타불임이 확인되었기 때문에 거의 동일한 모습의 미타암 석굴의 석조여래입상 역시 아미타불상으로 봐도 무방할 것이다. 더구나 암자의 명칭 역시 미타암이라고 전승되어 온 것과 포천산 다섯 비구의 설화에서도 미타염불을 주된 수행 방법으로 삼았음을 통해 더더욱 그러한 정황을 추정해볼 수 있다.

이러한 내용을 종합적으로 살펴볼 필요가 있다. 우선 삼국시대 다섯 도반이 신묘명 불상을 아미타불로 조성하면서 미륵을 만나기를 염원한 것, 그리고 719년에 감산사 불상을 조성한 김지성이 아미타불과 미륵보살을 조성한 점, 그리고 포천산 다섯 비구의 설화가 서린 미타암에 감산사 아미타불과 동일한 도상의 불상이 봉안되어 있는 점 등을 서로 유사한 사상에 바탕을 둔 것이라고 본다면 현재 이들 다섯 비구의 성불 설화에는 아직 미륵에 관한 내용이 등장하지 않는다. 그렇다면 어쩌면 이들 깨달음을 얻은 다섯 비구가 곧 미륵이 되었다는 의미가 아닐까?

이 이야기의 끝은 이렇게 성불하여 대중에게 기적을 보인 다섯 비구가 육신을 버리고 서방으로 날아갔으며, 사람들은 이들이 육신을 버린 장소에 '치루置樓'를 세웠다고 한다. 현재 이 치루가 어디인지는 전해지지 않는다. 다만 통도사 문밖에서 설하고는 몸을 버리고 날아갔다고 했으니 통도사 일주문보다 조금 외곽 어디가 아니었을까 추정된다. 산속에서 고행하다 이들 다섯 비구가 혹한이나 굶주림 등으로 동시에 입적했다면 미타암이 곧 육신을 버린 장소였어야 할 텐데 왜 미타암이 아니라 통도사 앞에 와서 육신을 버렸다고 했을까. 이것은 필시 우리가 알지 못하는 어떤 기적이 일어났고, '파티마의 성모' 기적을 바티칸이 인정한 것과 마찬가지로 '미타굴의 기적'을 결국 통도사가 인정했음을 뜻하는 일대 사건의 기록임을 짐작할 수 있다.

덧붙일 것은 미타암 석굴 아미타불입상에 대해, 절에서는 건강이 좋지 않던 문성왕의 왕비가 이곳에 와서 기도한 후 회복되어 이를 기념해 조성한 것이라고 전한다. 앞서 719년 조성된 감산사 불상과 비교했으나, 문성왕 대라면 이보다 100년 이상 이후에 조성된 셈이다. 불상의 착의법에 있어서 감산사 불상은 양쪽 다리로 나뉘어 흐르는 옷 주름을 보이고, 미타암 불상은 양쪽 다리 위에 하나의 U자형 옷 주름을 그리며 내려오는 방식이어서 미세한 차이가

〈금동신묘명삼존불입상〉정면 및 광배 뒷면의 명문,
높이 15.5cm, 리움미술관 소장, 국보 제85호.

있으며 양식적으로도 어느 정도 선후 차이는 있는 것으로 보인다. 그런데 절의 전승을 믿는다면, 100년도 더 지난 시점에서 비록 작은 차이는 있지만 감산사 불상과 거의 동일한 불상이 조성된 이유는 무엇일까? 발원자나 조각가가 감산사 불상을 의도했을까 아니면 우연이었을까? 고려시대에 크게 유행한 아미타내영도阿彌陀來迎圖와 유사한 수인의 이 도상은 당시 사람들에게 어떠한 의미로 다가왔을까 매우 궁금해지는 부분이다.

진표 스님의 점찰법회

종교와 혹세무민의 차이

『삼국유사』를 통해 가장 널리 알려진 고승은 아무래도 자장, 의상, 원효 스님이 아닐까? 그런데 이분들 못지않게 일연 스님이 상당한 지면을 할애하여 소개한 고승이 있다. 바로 진표 스님이다. 특히 진표 스님은 「의해」편 '진표전간眞表傳簡'과 '관동풍악발연수석기關東楓岳鉢淵藪石記'의 두 이야기에 걸쳐 다루어지고 있어 전체 분량을 합치면 상당한 비중을 차지하는 셈이다. 그럼에도 진표 스님이 앞서 다른 스님들만큼 대중적으로 알려지지 않은 이유는 스님의 점찰법회占察法會가 맥을 잇지 못하고 오래전에 끊긴 탓이 아닌가 한다.

'진표전간(진표 스님이 간자를 전하다)'은 일연 스님이 직접 정리한 이야기로 보이고 '관동풍악발연수석기(금강산 발연사 석비의 기록)'는 진표 스님이 말년에 주석하다 입적한 발연사鉢淵寺에 1199년 세워진 석비 내용을 채록한 것이다. 이에 의거해 보면 진표 스님은 열두 살에 금산사金山寺 숭제崇濟 법사 문하에서 출가했는데, 법사가 말씀하시기를 본인은 당나라로 유학 가서 삼장법사 선도善道 스님께 배우기는 했지만 계는 오대산의 문수보살로부터 받았다는 것이다. 그러니 진표 스님도 스스로 정진해 보살로부터 직접 계를 받으라고 조언했다. 이렇게 계를 받는 방법을 '자서수계自誓授戒'라고 한다. 물론 내용상으로는 보살로부터 계를 받는 것이지만 그것은 다른 사람은 알 수 없기 때문에 '자신으로부터 계를 받는다'는 형식을 취하는 것이다. 숭제 법사가 어떤 분인지 알 수 없지만 제자 한 분을 잘 둔 덕분에 길이 이름을 남기게 되었다. 여하간 진표 스님이 "그렇게 보살로부터 계를 받으려면 수행을 얼마나 해야 합니까?"라고 묻자 "열심히만 하면 1년이면 된다"고 하셨으니 본인이 밟은 속성 과정을 제안하신 셈이다.

이 조언을 듣고 진표 스님은 '망신참법亡身懺法'을 써서 보살로부터 계를 받고자 했는데, 망신참법이란 온몸을 혹사시켜 죄를 참회하는 것을 말한다. 불자가 흔히 하는 참회법으로 108배가 있다. 108번 절하는 이 수행은 몸을 혹사시킬 정도는 아니지만 여하간 그처럼 스스로 몸을 힘들게 하여 참회한다는 점에서 비슷한 개념이다. 다만 진표 스님은 절하는 수고 정도가 아니라 선계산仙溪山 부사의암不思議菴에 들어가 온몸을 바위에 부딪치는 극단의 고행으로 참회했다는 점에서 108배 정도와는 비교가 되지 않는다. 팔뚝과 무릎이 부러지고 피가 바위 아래로 흘러내렸다. 부사의암은 현재 변산반도 의상봉義相峯 아래 문수계곡에 있는 천연 돌방으로 전해지고 있다.

진표 스님은 욕심이 많았던지 숭제 법사가 제안한 1년보다 더 빨리 계를 받겠다는 생각에 7일을 기한으로 잡았다. 그런데 실패하자 7일을 더 그렇게 망신참법을 행했다. 그러자 드디어 14일째 되던 740년 3월 15일 진시, 즉 아침 7~9시 사이에 지장보살이 감응해 나타나 진표 스님에게 계를 주셨다. 이때 스님의 나의 스물세 살

김홍도, 〈금강산 발연〉, c. 1788, 비단에 채색,
30.1×43.2cm, 하버드 미술관 소장.
진표 스님이 말년에 주석한 발연사는 이 근처에 있었다.

이었다. 다소 황당하게 들릴 수 있지만 진표 스님은 이에 만족하지 않고 반드시 미륵보살에게 수계를 받고 싶어 영산사靈山寺로 옮겨가 다시 망신참법을 시작했다.

　이것은 자칫 오해를 불러일으킬 수 있다. 이미 지장보살이 계를 내려주셨는데 자신의 목표는 미륵이라며 다시 수계를 받는 것은 자칫 지장보살에게 결례가 되는 게 아닐까? 지장이 주신 계는 석사급이고, 미륵이 주셔야 박사급이라 생각했던 것일까? 그런데 '관동풍악발연수석기' 조에는 숭제 법사가 처음부터 지장과 미륵보살로부터 계를 받으라고 권하는 장면이 나오고, 실제 두 보살이 함께 나타나 계를 주는 장면도 나온다. 아마도 지장보살 수계가 미륵 수계보다 급이 낮아서가 아니라 진표 스님은 그 사상적 배경에 있어 지장신앙과 미륵신앙을 아우를 어떤 필요가 있었던 것 같다.

　'발연수석기'에 의하면 진표 스님은 3년간 수행했지만 감응이 없어 부사의암에서 몸을 던져 죽으려 했는데 청의동자가 내려와 몸을 받아 구해주었고, 여기서 다시 발심해 21일을 기한으로 망신참법을 행하여 7일째에 지장보살을 만나고, 21일째에 지장과 미륵보살을 만나 계를 받았다고 한다. '진표전간'에는 미륵보살로부터 계를 받은 날짜는 안 나오지만, '발연수석기'를 보면 아마 740년 3월 15일에 지장과 미륵으로부터 동시에 계를 받은 것으로 보인다. 결국 미륵보살님까지 동원되어 계를 주고는 더하여 『점찰경占察經』두 권과 간자簡子 189개를 전해주었다.

　이때 받은 『점찰경』은 본래 명칭이 『점찰선악업보경占察善惡業報經』인데 자기 선악의 업보를 점을 쳐서 알아보고 그에 맞춰 최적화된 수행에 집중할 것을 설한 경전으로 지장보살이 설한 것으로 되어 있다. 그러니 처음에 지장보살이 나타나 계를 주신 것은 이 점찰경의 성격과 무관하지 않다. 또한 189개 간자는 『점찰경』에 따라 점을 칠 때 필요한 나무 막대기다. 말하자면 나무 막대기를 던지거나 뽑아서 점을 치는 것이다. 미륵보살은 간자를 진표 스님에게 전하며 "8번, 9번 간자는 내 뼈다"라고 하셨는데, 이로써 『점찰경』은 지장보살, 간자는 미륵보살이 주신 것이라 보아도 무방할 듯싶다.

『점찰경』에 의한 의식을 행하는 것을 '점찰법회'라고 한다. 그 방법에 대해서는 동국대 총장을 지낸 보광 스님의 「지장사상에 관한 연구」에서도 상세히 소개된 바 있다. 그런데 일연 스님은 '진표전간'을 통해 사실상 이 점찰법회의 중요성을 역설하고 싶었던 것으로 보인다. 내용을 읽어보면 수隋나라 때 한 스님이 '선善'과 '악惡'이 쓰여 있는 가죽쪼가리를 던져서 선악의 업보를 점치고 스스로 벌을 주어 죄를 멸하는 소위 '박참법撲懺法'이란 의식으로 대중 사이에서 큰 인기를 끌었는데 그러한 의식이 『점찰경』에 의한 것이라고 주장했다는 것이다. 당시 조정에서는 이를 조사한 결과 『점찰경』은 위경僞經이라 판단하고 혹세무민惑世誣民하는 이 의식을 금지시켰다. 일연은 이를 두고 『점찰경』에 의한 점찰법회는 그렇게 선·악 두 글자로 간단히 행하는 의식이 아닌데 그것을 어설프게 흉내 낸 의식을 금지시켜 버리면서 『점찰경』 자체가 오해를 받게 되었다고 한탄했다.

말 그대로 '점'을 치는 경전이니 미신이고 혹세무민이라 할 수도 있다. 나아가 이것은 밀교적 성격으로 해석되기도 한다. 그러나 진

▲ 금산사 미륵전 안에 봉안된 〈미륵삼존상〉. 근대 조각가 김복진의 작품이지만 이전부터 대형 미륵존상이 봉안되어 있었다.

▼ 진표 스님이 출가하고 주석한 김제 금산사 미륵전. 진표 스님 신앙의 기초가 미륵신앙이었음을 보여주는 대표적 전각이다.

▲ 금산사 방등계단. 미륵보살의 손가락뼈로 만들었다는 두 간자를 봉안한 진신사리탑이 아닐까?

▼ 진표 스님의 지시로 제자 영심(永深) 스님이 속리산에 세운 법주사. 금산사에 미륵전이 있다면 법주사에는 팔상전이 있다.

표 스님이 행한 점찰이니 간자니 하는 것은 어떻게 보면 『주역周易』에 의거해 점치는 것을 연상케 한다. 『주역』에 따라 점을 칠 때도 산算가지, 산책算策이라 부르는 나무 막대기를 이용해 괘卦를 뽑는데, 아마 간자가 그러한 역할을 했을 것이다. 또한 유학자들도 즐겨 '척자점擲字占'이라는 점을 봤는데 이는 마치 윷놀이와 비슷하게 점괘를 뽑는 방식으로, 이것이 간자를 사용하는 방법과 닮았다. 사실 수나라 때 『점찰경』의 인도 판본이 없다는 이유로 위경이라 판단한 것은 당연하다. 왜냐하면 『점찰경』의 점치는 방법은 인도에는 없는 동아시아적인 방식이었기 때문이다. 대신 『점찰경』은 동아시아에서 전통적으로 해왔던 『주역』에 의거한 괘를 뽑아 점을 치는 방법을 불교에 적용한 것으로 해석할 수 있다. 『주역』의 64괘에 대응해 불교에서는 미륵이 진표 스님께 전한 189개 괘를 설정한 셈이다.

공자도 『주역』에 따른 점을 즐겨 쳤으니 『점찰경』 자체를 두고 미신이니 혹세무민이니 할 것은 못 된다. 점을 치는 공자를 제자들이 비난하자 공자는 "사람들이 내가 무당이나 점쟁이처럼 점을 본다고 의심할 것이다. 그러나 그 끝은 다르다. 나는 『주역』을 통해 '덕德'과 '의義'를 살필 뿐이다"라고 했다. 『점찰경』을 죄를 알아봐주고 돈을 내면 부적을 써서 죄를 없애주겠다는 식으로 장사에 이용했다면 그야말로 미신이다. 그러나 사회적으로 범법행위인 살인, 강도가 아니더라도 불효, 질투, 집착 같은 자신이 생각지도 못했던 마음의 잘못을 상기시키거나 "그래 힘들었지만 참 잘하고 있어"라고 칭찬과 격려를 해준다면 공자가 말한대로 '덕'과 '의'를 함양하는 하나의 방편이 될 수도 있다.

최근에는 스마트폰 앱으로 과거 전생도 알아보고 성격 테스트도 하고 지능 테스트도 해본다. 그것이 혹세무민일까? 사람들은 그저 재미로 한다. 그리고 자신과 부합되는 부분이 나오면 "용하다"라고 하고 아니면 그만이다(뒤끝이 있기는 하다). 『점찰경』은 대중을 위한 것이었다. 스님과 불자가 모여 마치 앱으로 전생을 알아보고 게임을 하듯이 즐겨 어울리며 서로 칭찬하고 서로 조심하자는 대중 불교운동의 하나였다. 그것을 어떻게 쓰느냐에 따라 점쟁이가 될 수도 있고 공자가 될 수도 있다. 그런데 그 좋을 수도 있는 전통이 끊긴 것을 일연 스님은 탄식하고 있는 것이다.

마침 금산사에는 방등계단方等戒壇이 있는데 형태는 통도사 금강계단을 닮았다. 이런 금강계단 형식의 탑은 원래 진신사리를 모시는 곳인데 금산사에 왜 이러한 계단이 있는지 유래가 명확하지 않다. 만일 진정 이 안에 진신사리가 모셔져 있다면 그것은 혹시 진표 스님이 미륵으로부터 받았다는 여덟 번째, 아홉 번째 간자가 아닐까? 그것이 미륵보살의 손가락뼈라고 했으니 그야말로 미륵보살의 '불지사리'인 셈이다. 어찌 진신사리급이 아니겠는가? 이제 그런 금산사에서 점찰법회를 복원해 재현하고 있다 하니 일연 스님께서 한시름 놓으셨을 듯하다.

단군 신화

전설과 역사의 변증법

이야기를 『삼국유사』의 맨 앞으로 돌려보려 한다. 『삼국유사』의 처음은 「왕력王曆」 편으로 시작한다. 곧 '연표'다. 그 틀을 보면 신라, 고구려, 백제, 가야의 순으로 정리되어 있고 맨 위에는 중국의 연표를 두었다.

실제 본문에서는 가야, 고구려, 백제, 신라의 순으로 기록되지만, 중심 이야기가 신라인만큼 왕력에서는 신라를 맨 위에 두고 칸의 높이도 가장 높다. 중국이 그 위에 있어도 이는 아마도 우리나라의 역사적 사건이 중국의 어느 사건, 어느 시대에 일어난 일인지 보다 쉽게 비교할 수 있도록 한 편집의 묘인 듯하다. 이렇게 놓고 보면 본문에서는 가장 늦게 다루어지는 신라지만 사실은 가장 먼저 세워진 나라임을 한눈에 알 수 있다. 이처럼 본문에서는 각각의 나라를 '횡적'으로 소개하기 때문에 미처 깨닫지 못했던 부분을 연표에서 '종적'으로 정리해 보여줌으로써 입체적으로 비교할 수 있게 되었다.

그런데 본문으로 들어가면 이야기는 고조선에서 시작한다. 고조선이 왕력에서 제외된 것은 아마도 일연 스님 당시에는 고조선의 역대 제왕을 기록할 만큼 상세한 정보가 없었기 때문이었을 것이고, 이는 사실 지금도 크게 달라지지 않았다. 왕력에서도 제외된

만큼 신화 속의 나라, 전설의 나라로 여겨질 수 있겠지만, 왕력의 고구려 시작 부분을 보면 고구려를 건국한 동명왕東明王, 재위 기원전 37~기원전 19, 즉 고주몽을 '단군의 아들壇君之子'이라고 했다. 고구려의 시작이 고조선과 맞닿아 있음을 보여준 셈이다.

물론 까마득한 과거 고조선을 세운 단군이 주몽의 아버지가 될 수는 없다. 더구나 주몽은 천신 해모수解慕漱와 하백河伯의 딸 유화柳花 사이에 난 아들이라고 분명히 기술되고 있다. 그러나 위당爲堂 정인보鄭寅普 선생 같은 분은 이미 『조선사연구朝鮮史研究』에서 주몽이 단군의 아들이라는 것은 직접 부자관계라는 뜻이 아니라 단군을 계승한 고조선 왕가를 잇는 인물이라는 것을 뜻하는 것이라고 적절하게 풀이하고 있다.

2017년 문재인 대통령이 취임하며 요직 인사가 이루어지는 과정에서 한참 시끄러웠던 부분이 뜻밖에도 고조선에 대한 인식 문제였다. 소위 재야사학자와 강단사학자 간의 의견 충돌이 노골적으로 표면화되었고, 상대방을 향해 '식민사학'이니 '국뽕'이니 하며 폄하하는 말들이 오갔다. 정치판에서 의견이 다르면 '빨갱이', '보수꼴통'이라고 비난하는 모습의 역사학 버전이었다. 당시 논쟁의 핵심은 낙랑樂浪의 위치 문제처럼 보였다. 낙랑은 한나라가 고조선을 무너뜨리고 그 지역을 다스리기 위해 세운 한사군漢四郡의 하나다. 사군 가운데 낙랑이 가장 중요했던 이유는 낙랑이 수도 평양을 직접 통치하기 위해 세워진 기구였기 때문이었다.

현재 학계는 낙랑을 평양 인근으로 비정하며, 이는 『삼국유사』 「기이」편 '낙랑국樂浪國' 조에서 '낙랑은 곧 평양'이라고 명시된 부분도 있고, 실제 이 지역에서 수많은 한나라 유물이 쏟아져 나왔기 때문이다. 과거 국립중앙박물관이 옛 총독부 건물인 중앙청사에 있던 때에는 낙랑실이 삼국 역사의 일부로 함께 전시되고 있었고, 어린 시절 전시를 둘러보다 낙랑실에 들어섰을 때 마치 용산 미군부대 안에 들어선 것 같은, 즉 우리나라지만 우리나라가 아닌 이질적 느낌이 들어 충격을 받은 기억이 여전히 생생하다. 지금은 낙랑실을 아시아실의 일부로 전시함으로써 우리 역사의 일부라는 맥락이 끊어져버렸다. 중국 수입품인 셈이니 그도 그럴 수 있으나 그렇다면 몽골 간섭기나 일제 강점기 동안 우리나라에서 만들어진 것도 전부 아시아실에 두어야 하는 것일까 의문이 들기도 한다. 우리 역사란 우리가 밟고 있는 우리 땅에서 일어난 모든 일의 총체이지 않을까.

여하간 그런 가운데 『삼국유사』「기이」편 '고조선古朝鮮' 조는 단군왕검檀君王儉이 '평양성에 도읍했다'고 했기 때문에 낙랑의 위치가 평양이라면 그것은 곧 고조선의 수도인 평양성인 셈이다. 그런데 재야사학자들은 끊임없이 이 평양이 지금의 평양이 아니라고 반박했다. 고조선의 수도 평양성, 즉 왕검성은 요동에 있었다는 주장이다. 재야사학계에서는 고조선의 강역疆域이 매우 넓었고, 중국과 비교해 서로 대등한(때로는 능가할) 정도의 강성한 나라였다는 점을 강조하는데, 그것의 상징적인 표식이 바로 고조선의 수도가 한반도가 아닌 대륙에 있었음을 드러내는 것이었다. 그런데 '고조선 수도=평양=낙랑' 설은 이 주장에 절대적인 걸림돌이 되어 이를 두고 치열한 논쟁이 벌어진 셈이다. 그러나 낙랑은 이미 고고학적으로 평양에 위치했다는 것이 밝혀졌음에도 재야사학계가 무모하게 이를 조작이니 식민사학이니 하며 부정하는 것에서 이론적으로 다듬어지지 않았다는 것을 느낄 수 있었다(사실 그런 주장은 정인보 선생이 제기한 것인데, 그때 이미 이론적으로 세련되게 완성되어 있었다).

그렇지만 한편으로는 무턱대고 이러한 주장을 '국뽕'이라 몰아붙이고 역사학자가 아니면 역사를 논하지 말라는 일부 강단사학자들의 비판 역시 실망스러웠다. '국뽕', 이는 우리 민족이 대단하다는 것을 가르치는 사람들을 비꼬는 이야기 같은데, 재야사학의 주장을 비판하면서 마치 우리 민족이 실은 대단하지 않았다는 식의 주장은 그야말로 '곡曲을 바루어 직直을 지남'이었다. 역사학이 얼마나 우리 국민에게 재미없는, 그야말로 강단에서 혼자 떠드는 이야기였으면 소위 비역사전공자들까지 이렇게 나서야 했는가 하는 생각도 들었다. 한편으로는 꼭 수도가 요동에 있어야만 고조선이 위대한 것일까, 고구려도 수도를 국내성에서 평양으로 옮겼지만 역시 아시아의 강대국이 아니었나 하는 생각에 낙랑의 위치 문제에만 매달리는 듯한 재야사학의 주장에 안타까운 마음이 들기도 한다.

그런데 근래 고고학계에서 새로운 학설이 제기되었다. 즉, 낙랑은 평양에 있었지만 평양이 고조선의 수도는 아니라는 것이다. 왜냐하면 평양에서는 고조선의 수도로서의 유물이나 유적이 전혀 출토되지 않았기 때문이라고 한다. '낙랑=평양'은 맞지만 '낙랑=고조선 수도'는 아닐 수 있다는 새로운 논쟁의 양상이 전개된 것이다. 미리

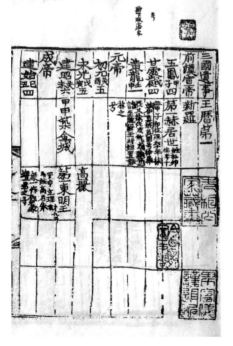

▲ 북한이 발굴했다고 주장하는 평양 단군릉. 그 진위를 두고 많은 논란이 있다.(출처: 국립 문화재연구소)

◀ 『삼국유사』 정덕본(正德本)의 첫 페이지인 「왕 력」편 도입부.

어떤 주장을 세워놓고 자료를 끼워 맞추기보다 우리가 모을 수 있는 자료를 모두 모아놓고 이것이 서로 모순되지 않게 배열하는 합리적 접근이 절실히 필요한 상황인 것 같다.

이러한 가운데 일연 스님은 불교사뿐 아니라 이와 같은 고대사 논쟁의 첫 촉발자라는 점에서 그 의의가 재삼 강조되어야 마땅하다. 고조선은 『삼국유사』보다 1년 앞서 1280년에 편찬된 이승휴李承休의 『제왕운기帝王韻紀』에서도 "요동에 따로 또 천지가 있으니 (중략) 누가 처음 풍운의 나라를 열었는가, 천제의 손자 단군이라네"라며 다뤄지고 있지만, 두 저작은 거의 동시라고 볼 수 있고 또 사서로는 『삼국유사』가 더 자세하다.

고조선 논쟁은 『환단고기』를 바라보는 시각 차이에서 더욱 극명하다. 일고의 가치도 없는 소설로 보는 성향과 식민사학을 극복할 대안으로 보는 시각까지. 이는 『화랑세기花郞世記』에 대한 논쟁에서도 마찬가지다. 이런 책을 그래서 사서史書와 구분해 위서라고도 한다. 그러나 만약 전설 같은 이야기를 다루었다고 해서 위서라고 한다면 『삼국유사』도 여기서 자유로울 수 없다. 앞서 살펴본 『삼국유사』 속 여러 신비로운 이야기가 어찌 사서나 정사에 실릴 수 있을 것인가? 그래서 일연 스님도 이를 '사史'라 하지 않고 '사事'라고 하지 않았던가? 그럼에도 『삼국유사』는 수많은 역사학자의 연구 대상이 되고 있다. 그것이 바로 『환단고기』가 소설로 여겨지는 것에 비해 일연 스님이 위대한 이유다. 『환단고기』가 이벤트라면 『삼국유사』는 문화콘텐츠다.

그 차이는 무엇일까? 이는 단순히 사실인가 아닌가의 차원이 아니다. 우선 소위 말하는 '위서'란 비록 작자는 모르지만 어느 누군가의 창작물로 여겨진다. 반면에 『삼국유사』는 일연 스님이 작자로 알려져 있지만 그 내용은 창작이 아니라 여러 전해지는 자료를 모은 것이다. 공자가 『논어論語』에서 '기록할 뿐 덧붙이지 않았다'고 한 술이부작述而不作은 그래서 『논어』를 '경전'으로 만들었다. 이것은 '창의력 없음'을 뜻하지 않는다. 『화랑세기』를 '사史'로 보고자 하는 견해도 이 내용이 도저히 한 사람의 창작으로 볼 수 없을 정도로 복잡하며 다양한 역사적 사건과 거미줄처럼 얽혀 있기 때문이다.

그러나 그것이 글인 이상, 아무리 다양한 글에서 모았다고 할지라도 결국은 사람이 쓴 것이다. 역사학계에서 중요한 근거로 삼는 여러 사서, 특히 중국의 정사도 실은 사마천司馬遷이든 사마광司馬光이든 결국 어떤 사람에 의해 쓰여진 것이기에 개인적인 감정이 들어가지 않을 수 없다. 만약 그러한 글이 오로지 술이부작한 것이라면 역사학계는 그렇게 수많은 논쟁을 낳지 않았을 것이다. 그럼에도 똑같은 사서를 보고 수많은 논쟁이 난무하는 것은 무엇 때문일까? 논쟁은 어차피 재야와 강단 간에만 있는 것이 아니라 역사학자들 사이에도 존재한다. 모두 사람이 쓴 것이기에 그렇다.

그런 점에서 보자면 구전된 전설은 오히려 역사는 아니지만, 그것은 특정한 정치 혹은 사상적인 목적 없이 그저 전해진다는 점에서 모두가 함께 기록한 이야기다. 비록 은유적이고 비유적으로 표현되었지만, 궁극적으로 수많은 이야기 속에서 적자생존한 그 사회에 최적화된 기록인 셈이다. 예를 들어 제2차 세계대전 당시 멜라

▲ 〈평남대동 선교리 출토 낙랑 효문묘동종(孝文廟銅鐘)〉, 기원전 41년, 국립중앙박물관 원판 사진. 낙랑군 평양 입지설의 단서가 된 효문묘동종.

▶ 카고 컬트. 제2차 세계대전 중 연합군이 군 비행장 등에 군수품을 낙하하는 것을 경험한 원주민이 가짜 비행기를 만들어 놓고 조상신이 하늘에서 물건을 내려주길 기원하고 있다.
(출처: https://www.youtube.com/watch?v=dVZ9bPRTilA)

▼ 〈문무왕비〉, 통일신라, 높이 55cm, 28cm, 너비 94cm, 국립경주박물관 소장.
신라 왕실이 흉노 투후 김일제의 후손이라고 밝힌 명문이 있어 신라의 북방기원설과 연관해 많은 쟁점이 되고 있다.

네시아, 뉴기니 지역에 주둔하던 연합군을 위해 군용화물기가 화물을 낙하하는 것을 보고 원주민은 이것을 신이나 조상이 내려주는 것으로 간주해 군인들이 철수한 뒤에는 가짜로 비행기를 만들어놓고 다시금 하늘에서 화물이 내려오길 기다렸다고 한다. 즉, '카고 컬트Cargo Cult(화물숭배)'다. 먼 훗날에 이 관행이 역사로 남아 연구된다면 그저 전설로 치부될 것이다. 그러나 누군가가 이를 두고 외지인의 화물 낙하 이야기가 그렇게 신화화된 것이라고 주장한다면 어떻게 될까?

환웅의 하강과 웅녀 이야기, 해모수와 유화의 전설, 가야 허황옥이나 신라 석탈해가 바다를 건너온 이야기, 신라가 스스로를 흉노 투후柮侯 김일제의 후손이라 주장한 사실 등은 역사인가 실재인가를 놓고 많은 논쟁이 있다. 만약 이러한 내용이 작위적인 것이라면 세상에 작위적이지 않은 글은 없으며, 만약 남겨진 사서가 의미 있는 것이라면 이러한 전설적인 구전 역시 나름의 가치를 지닐 것이다. 일연 스님은 결국 전설적인 이야기를 술이부작하여 후세에 전함으로써 떠도는 전설을 신화로 만들었다. 신화는 비단 역사학뿐 아니라 그리스 신화처럼 인류학적으로, 문화학적으로 큰 가치를 지닌다. 이번 글에서는 신화를 합리적으로 설명해보고자 한 것도 있고 때로는 있는 그대로 받아들이기도 했지만 궁극적으로는 『삼국유사』의 그 어떤 내용도 허투루 써진 것이 없음을 강조하고자 했다. 그것이 우리가 고전을 읽고 다시 또 읽는 이유이기도 하다. 다양한 논쟁이 첨예하게 대립되는 요즈음 역사와 전설을 적절히 구사하여 민족적 자긍심을 고취하고자 한 결과 '절대원전絶對

原典'이라 할 수 있는 『삼국유사』를 편찬한 일연 스님의 지혜가 절실히 필요한 때다. 찬한다.

구름 속에 갇힌 오래된 이야기
스님 붓끝에서 법운으로 바뀌니
비로소 용이 되어 다시금 날게 되었네
머리는 역사, 가슴은 신화인 그 이름, 삼국유사